元法制局キャリアが教える

法律を読むセンスの磨き方・伸ばし方

吉田利宏

ダイヤモンド社

はじめに

　私が法制局に入局したばかりの頃の話です。一番びっくりしたのが、自分が全く仕事の役に立たないということでした。学生時代、一応、法律は得意だと思っていました。公務員試験のための勉強もしました。ところが、条文を立案する会議などに出ても何が論点なのかわからない……。それ以前に、同僚が何をいっているのかわからない日々が続くのです。

　来る日も来る日もそうでしたので、なんだか、自分がここ（法制局）にいてはいけないような気がして不安になりました。あまりにも不安になって上司に「どうすればいいですか？」と聞くと、「何もしなくていいよ、そのうち慣れるよ」といってくれます。しかし、チンプンカンプンな議論が飛び交う会議はそれから1年近く続きます。

　それでも、会議に出続けていると、次第にメモがとれるようになりました。そして、少しずつですが、会議で飛び交う議論がわかるようになってきました。6、7年もすると、みんなが指摘する問題点を自分も理解できたり、自分の指摘に上司がうなずいてくれるようになりました。

　その後、少し遅れて大きな変化が起こりました。条文を読んでも、法律の解説を読んでも、法律の考え方について議論しても、みんなと同じ「ベース」がつかめたという安ど感みたいなものが生まれたのです。人はそれぞれ感じ方が違うわけだけれども、誰もが「これはそうだ」と思う筋道の通し方というか、要素みたいなものがあり、法律や判例などはそれによって成り立っているような気がしてきたのです。もしかしたら、自分のなかにもリーガルマインドが生まれ始めたのかもしれない……。そう思ってとても嬉しくなったことを覚えています。

法律の本などを見ると「リーガルマインドを身につける重要性」が書かれています。かつては私自身、法律の勉強をしていても、このリーガルマインドというものが一体どんなものであるのかイメージできませんでした。法律の知識を重ねることと、リーガルマインドを身につけることとの区別がよく実感できなかったのです。

　ところが、そのとき、その違いがわかったような気がしました。誤解をおそれずいうと、リーガルマインドは「知識ではなくセンス」なのです。これまで学んだことがある法律に関することであれば、条文や判例の知識でなんとか乗り切れるかもしれません。しかし、関係する法律の条文や判例が思い浮かばないような場合も、大きく外れることのない解決策を思い浮かべられるようなセンスがリーガルマインドの本質ではないかと感じたのです。「おそらくこんな条文があるだろう……」「誰もがこの条文はこんな風に解釈するだろう……」、知識として得られていない法律についても、そう思い浮かべられるセンスです。

　よく「あの人は法律のセンスがある」などといいます。初めから法律の素質があるような意味でいうものですが、センスは生まれながらのものではなく、獲得するものです。私自身が経験してきたように、センスは、論理的に法律を読み解く経験を通じて磨かれ、高められていくのです。そして、そのセンスが不動のものとなったとき、人は「リーガルマインドが身についた」というのでしょう。

　この本はリーガルマインドを身につけるためのセンスの磨き方と伸ばし方を伝える本です。リーガルマインドが身につけば、ものごとを筋道立てて考えることができるようになります。多くの人に受け入れられる形でトラブルの解決策を示すこともできます。未知の法律についても、すぐにその本質を見抜くことができるようになるでしょう。

　こうなれば法律を読むことも、仕事も楽しくなります。

これまでバラバラに覚えていた知識が自分の頭のなかでひとつになり、自分の考え方を上手に伝えたり、また、相手の考えることを先回りして議論することも少しはできるようになります。いいことに、知識は忘れてしまえばそれまでですが、このセンスというものは、一度つかんでしまえば失われることがないのです。このセンスは「本を書くこと」や「講演」といったいまの仕事にも生かすことができています。大げさにいえば、「自分の考え方を上手に伝えることができる」「相手の考え方を理解できる」といった自信にもつながり、人生を切り開くための大きな武器になってくれたように思うのです。

　この書籍を通じて、ひとりでも多くの読者のみなさんが法律を読み解くセンスが磨かれ、リーガルマインドに近づくことができたとしたら、著者にとって、これ以上の幸せはありません。

　前著に続き、私を根気強く導いてくれたダイヤモンド社の笠井一暁さんに、篤く御礼申し上げます。

平成26年8月

吉田　利宏

元法制局キャリアが教える
法律を読むセンスの磨き方・伸ばし方 | もくじ

はじめに • 3

PART 1 法律を学ぶ目的を知る

第 1 章　法律は暗記科目ではありません

1 法律を学ぶ意義を知っておこう • 16
法律を学ぶ意義はリーガルマインドを養うこと
リーガルマインドを構成する2つの能力とは?
異なる利益をどう調整するか

2 リーガルマインドにはたくさんの効能がある • 19
リーガルマインドにはどんな効能があるのか
効能①　条文を読む力が身につく
効能②　資格試験など学習の効率がアップする
効能③　現実の問題に当てはめる力(解釈力)が身につく

3 学べば学ぶほど法律が面白くなる! • 22
楽しくリーガルマインドを身につけよう
解釈力とリーガルマインドのらせん階段とは?

4 さあ、学習を始めよう! • 24
法律は暗記科目ではありません
法律や条文を通じてリーガルマインドを身につけよう
狙い①　「論理的なセンス」を磨く
狙い②　「公平性の感覚」を身につける
狙い③　法令用語を知る
狙い④　法律どうしの位置関係を意識する
狙い⑤　「解釈」について学ぶ

PART 2 条文から学ぶ「公平性」と「論理性」

第 2 章　法律の構造には意味がある

1 法律は筋金入りの理屈屋です • 28
法律を読めば論理的なセンスが身につきます

法律の「論理的なテクニック」を知ろう
2 法律の構造には論理的なルールがある • 30
本則こそ法律の本体
法律の構造はコース料理と同じです
「総則」は前菜のようなもの
メインディッシュは実体的規定
雑則があるから実体的規定が引き締まる

3 「題名」から法律の内容をイメージしよう • 33
題名は短い言葉で内容を伝える
「特別」や「臨時」の言葉が意味するもの
「臨時」は時期を限った特別法
かなり改正していても「一部改正法」
題名で目的や方向性を示すこともある

4 第1条に置かれた「目的規定」に注目しよう • 38
第1条には「目的規定」が置かれている
法律の心意気を感じ取ろう
目次のない法律では第1条が力を発揮する
手段と目的との関係を意識しよう
●練習問題

5 条文の並び方のルール（時系列の支配）を知ろう • 46
人は時間のなかに身を置く生き物です
条例で「時系列の支配」を確かめてみよう
会社法に見る「時系列の支配」

6 例外的な規定は後回しになっている • 50
時系列に支配されない場合のルール
民法の「遺言の方式」を見てみよう
遺言の章で見る「時系列の支配」
●練習問題

第3章　条文の構造のルールを知ろう

1 「等」の読み方をマスターしよう • 56
法律の「等」には厳密なルールがある
「等」の使い方で変わる意味を知っておこう
「等」が読めて初めて条文が正確に読める

2 条文の「主語」と「文末」に注目してみよう • 61

法律は主語と末尾がハッキリしている
経理義務に関わる規定は特に要注意
「主語を述語に近づける」工夫とは?

3 文末表現の意味を押さえておこう ● 65
末尾表現のバリエーションを見てみよう
「〜する」と「〜しない」
「〜することができる」と「〜することができない」
「〜するよう務めなければならない」と「〜しないよう務めなければならない」
「〜しなければならない」と「〜してはならない」
「〜するものとする」と「〜しないものとする」
　● 練習問題

4 合理的な文章の原則①　「パンデクテン方式」を知っておこう ● 74
法令は「パンデクテン方式」で書かれている
繰り返しを避けて規定をスッキリさせる

5 合理的な文章の原則②　「準用の掟」について知っておこう ● 77
「準用」は似た対象に当てはめること
「ぐるぐるピザ」の食べ放題ルール
「読替規定」でわかりにくさを補う

6 切り離しの技法①　提案の背景や理由は別に説明される ● 81
ナレーションに学ぶ「切り離し」の手法
提案の理由は切り離されている
「理由」が少し物足りないと感じる理由は?
国会審議にはマイナス要素はいらない!?
一部改正法は後ろから読め!
「前文」についても知っておこう

7 切り離しの技法②　附則を切り離す理由を知っておこう ● 89
上杉トメさん(92歳)の憂鬱
経過措置は附則に置かれる
附則の切り分けは論理性を高める知恵
　● 練習問題

第4章　法律が示す「公平の感覚」を読み解こう

1 公平を探しつつ条文を読む目的とは? ● 96
正義や公平の広がりに触れよう

リーガルマインドを手にするための王道
2 法律が実現しようとする価値を探そう • 98
「価値」に照らして条文の意味を考える
手がかりになるのは「目的規定」
法令の種類やポジションをヒントにしよう
3 対立する価値や利益を意識する① 行政不服審査法 • 102
実現しようとする価値はひとつとは限らない
行政不服審査法での2つの価値
「そこそこの手抜き」で2つの価値を実現する
4 対立する価値や利益を意識する② 個人情報保護法 • 107
価値の調整に苦心する個人情報保護法
なぜ「過剰反応」が起こったのか
5 権利や利益を制限する際の「比例原則」 • 110
道路交通法の目的規定を見てみよう
免許制度は「運転する自由」を奪っている!?
もしも「自転車運転免許」が導入されたら
規制のメリットはデメリットを上回るか
ネギを切るのにナタを持ち出してはいけない
●練習問題
6 公平が何かを探ろう① 実質的公平とはどんなものか • 117
1枚の「とんかつ」をどう分けるか
どの程度なら実質的平等として認められるのか
平等を実現するために大切なこと
7 公平が何かを探ろう② 民法が考える公平とは • 121
お互いが納得した結果こそ「公平」
民法には原理原則がある
「一般条項」の内容を見てみよう
「一般条項」はなぜ抽象的なのか
●練習問題

第5章 条文を正しく読むための法令用語

1 法令用語を理解することの大切さを知ろう • 131
ある営業マンと社長との会話から
法令用語に隠されたヒントを探ろう

2 条文の構造を示す用語①　「又は」「若しくは」と「及び」「並びに」● 132
　「又は」と「若しくは」
　「及び」と「並びに」
　●練習問題
3 条文の構造を示す用語②　「その他」と「その他の」● 140
　「その他」と「その他の」
　ある中華料理屋のメニューで
　会社法の条文を見てみよう
4 条件について示す用語　「場合」と「とき」● 146
　「場合」と「とき」には特殊なルールがある
　「者」と「もの」
5 基準点を示す用語と「初日不参入の原則」● 149
　「以上」と「超える」「以下」と「未満」
　「から〜まで」
　「から」と「から起算して」
　「初日不参入の原則」の例外とは?
6 期間の計算を練習してみよう ● 154
　期間の計算を練習しよう①
　期間の計算を練習しよう②
　年齢の数え方に関する特例を知っておこう
7 繰り返しを避ける用語　「準用する」「例による」● 158
　「準用する」
　「読替規定」を味わってみよう
　「例による」
　●練習問題

PART 3　「価値」を意識して法律を読む

第6章　法律の分類を知っておこう

1 法の分類とポジションを見つけよう ● 166
　分類ができれば法律が理解しやすくなる
　いろいろある法律の分類方法
2 法律を分類してみよう①　公法と私法 ● 168
　公法と私法のイメージを図にすると?

公法は「権限の枠」となる法律です
私法は「自由な世界」に存在する法律

3 法律を分類してみよう②　実体法と手続法 • 171

実体法、手続法とはどんな法律なのか
実体法と手続法との関係は?

4 実体法を読み解く楽しさを知ろう • 175

「その法律が大事にしている価値」を読もう
ロジカルシンキングの楽しさとは?

5 手続法が大切にする価値を読み解こう • 178

手続の理由を理解するという楽しみ方
誤った不利益処分をしないために

6 法律を分類してみよう③　一般法と特別法 • 182

一般法というのは広く一般的な規定
特別法の「見つけ方」を知ろう

7 特別法の論理的な「読み方」を練習しよう • 185

特別法の論理的な「読み方」①
特別法の論理的な「読み方」②

8 「基本法」とはどんな法律なのか? • 190

この頃、流行の「基本法」
基本法の必要性とデメリット
心配なのは法律本来の役割が見失われること

第7章　法律の世界地図を描こう

1 法律の世界を4つのゾーンに分ける • 196

法律の世界地図を描いてみよう
まず、最初に憲法です

2 公法ゾーンを読む①　国の刑罰権にかかわる法律 • 199

「公法ゾーン」は3つのエリアに分けられる
おしおきエリアの実体法
刑法や軽犯罪法は「横浜ラーメン博物館」みたいなもの
おしおきエリアの手続法

3 公法ゾーンを読む②　国の基本的なしくみを定めた法律 • 204

国の基本的なしくみを定めた「憲法附属法」
「憲法附属法」以外の法律を見てみよう

4 公法ゾーンを読む③　行政法 • 207
行政法は3つの分野に分けられる
行政作用法
行政組織法
行政救済法
国家賠償法
賠償と補償について知っておこう

5 社会法ゾーンを読む　労働法と経済法 • 213
「社会法」とはどんな法律か
社会法のなかの「労働法」
社会法のなかの「経済法」
経済活動のルールを定める「経済法」
消費者のための経済法（消費者法）
特定の分野の経済活動を規制する経済法（業界法）

6 私法ゾーンを読む　私人どうしの関係を定めた法律 • 219
私法の代表例は民法と商法
商法は民法の特別法です

7 法律の「進化の系統樹」を読み解こう • 221
「進化の系統樹」的視点のご利益とは？
労働基準法を系統樹的に見てみよう
系統樹のイメージを示してみると？
● 練習問題

第8章　民法・憲法・行政法を読む

1 対立する利益調整で読む民法 • 232
民法の「大人げ」とはどんなものか
民法がむやみに取引を否定しない理由

2 民法の調整場面について考えてみよう • 236
調整場面の例①　制限行為能力者がひとりでできること
調整場面の例②　保護者の同意のない結婚
「隠れキャラ」を通じての民法の楽しみ方
● 練習問題

3 人権保障の指示書としての憲法を読む • 244
憲法の本質を知ろう
最近の憲法改正をめぐる議論

4 憲法の統治規定と人権保障の関係を知ろう ● 248
憲法の最大、唯一の目的は「人権を守ること」
「表現の自由」の学び方

5 憲法が定める生存権について考えよう ● 251
憲法25条と生活保護
財政状況と生活保護の引き下げは別問題
社会権が「国による自由」と呼ばれる理由

6 人権保障のしくみしての裁判所 ● 255
裁判官の身分保障と国民審査について知ろう
もし、司法の独立が守られていなかったら？
　●練習問題

7 手続の流れで読む手行政法 ● 263
「時系列の支配」を意識しよう
行政代執行法に見る「時系列の支配」
　●練習問題

8 総仕上げとして読む国家賠償法 ● 269
国家賠償法と民法との関係は？
実現しようとする価値を探ろう
再び民法との関係を考えよう
「とことん面倒をみる」理由を理解しよう
条文や判例の学習にどう生かすか

第 9 章　解釈がわかれば法律はもっと楽しくなる

1 「解釈する」というのはどういうことなのか？ ● 278
なぜ「解釈」が必要なのか
100年以上も解釈で乗り切った「番頭、手代」

2 条文を読み解くことはすべて解釈です ● 281
最終的な解釈権者は裁判所
会社や会社員も日々、解釈している

3 解釈の種類とお作法　文理解釈と論理解釈 ● 284
まず「文字通り読むこと」から出発する
「論理解釈」は英語の意訳に似ています
「電車の窓から手を出してはいけない」を解釈すると？
ストーカー規制法の解釈と改正

4 実務における「解釈」はどんな意味を持つのか ● 290
妥当な結論が出るように解釈する
労働基準法34条をどう解釈するか
国を押し切った「必要性」からの解釈
人を説得できるだけの「根拠」を探す

5 条文が発するシグナルを感じて読み解こう ● 295
条文から始まり条文に終わる
シグナルを感じることがスタートです
シグナルを感じながらの学習方法とは？
「解釈」と「リーガルマインド」との関係

索引 ● 300

PART 1
法律を学ぶ目的を知る

第 1 章

法律は暗記科目ではありません

No.1 法律を学ぶ意義を知っておこう

 法律を学ぶ意義はリーガルマインドを養うこと。物事を筋道立てて考え、多くの人が支持する結論を導く力になる。

法律を学ぶ意義はリーガルマインドを養うこと

「法律を学ぶことにはどんな意義があるのですか？」このシンプルな問いかけに、みなさんはどう答えますか？

「法律を学ぶ」というとどんな作業を想像するでしょうか？ 長くて難しい条文と格闘したり、聞き慣れない法律用語を暗記したり、といった「やっかい」な作業を思い浮かべる人が多いのではないでしょうか。

しかしそれは、法律を学ぶことのほんの一部でしかありません。単に知識を身につけただけでは、法律を理解したとはいえません。法律を学ぶことの本当の意味は、法律の読み解きを通じて、法的な考え方や感覚、つまり「リーガルマインド」を身につけることにあるのです。つまり、冒頭のとてもシンプルな問いかけには、「リーガルマインドを養うことができる」と答えることができます。

では、「リーガルマインド」の正体とは一体何でしょうか。私の前著である『元法制局キャリアが教える　法律を読む技術・学ぶ技術』（ダイヤモンド社刊、以下『法律を読む技術』）では、リーガルマインドとは「ものごとの正義や公平のストライクゾーンの感覚」であると説明しました。この感覚を身につけられれば、ものごとを筋道立てて考えることができますし、多くの人が支持する結論を導

くことができます。
「ものごとの正義や公平のストライクゾーンの感覚」といっても、それが具体的にどんなものなのかを説明するのは簡単ではありません。なぜなら、リーガルマインドとは教えてもらうものではなく、たくさんの法律や条文を読み解くうちに、おのずと身についてくる能力だからです。ある野球選手が「何百回、何千回もバッターボックスに立っていると、ストライクゾーンが自然に見えてくる」といっていましたが、リーガルマインドを身につける過程はこれとよく似ているかもしれません。

リーガルマインドを構成する2つの能力とは?

　リーガルマインドは2つの能力から構成されています。ひとつは「論理的思考力」であり、もうひとつは「バランス感覚」です。たとえば、契約などでトラブルが生じた場合、双方の主張をバランスよく調整して、お互いに納得できる結論を論理的に導き出さなければなりません。つまり、「論理性とバランス感覚」がリーガルマインドの命なのです。
「論理的」といっても、それは「理屈がいえる」ということではありません。いくら理屈を重ねても人の心に響かないようなら、それは「屁理屈」にすぎません。「論理的」というのは、誰もが受け入れやすい形で「AだからB」といえることです。そのためにはまず、主張に「合理性」がなければなりません。

異なる利益をどう調整するか

　ある会社でこんなことがありました。タバコを吸わない社員が会社に「タバコを吸う人の給料を下げるべきだ!」と訴えたのです。「タバコを吸う人は個人的な楽しみのために勤務時間を無駄にしている。その分、タバコを吸わない人がカバーしているのだから給料を減らすのは当然」というのがこの人の主張です。タバコでよっぽ

ど嫌な思いをしたのでしょう。なるほど、この人の主張には理屈があります。しかし、ただ、給料を減らすだけでは、単なる「喫煙者叩き」に終わります。要は、タバコを吸わない人が迷惑を被ることなく気持ちよく仕事ができればいいわけです。その目的のためなら、①会社はちゃんと喫煙施設を整備すること、②タバコを吸いたい人は休憩時間に喫煙所で吸うというルールを作ること、シンプルですが、こうしたことが合理的なのではないでしょうか。

　ただ、実際に、会社がどんな解決策を選ぶかは「バランス感覚」も加わったものとなるでしょう。ここでいう「バランス感覚」とは、「異なる利益の間の調整」とでもいうべきものです。

　上の結論について、「タバコを吸う人」と「タバコを吸わない人」との間ではもういいでしょう。しかし、「会社の利益」の視点がありません。組合の主張ならいいのですが、会社の総務課の案として考えるなら、会社のことも考えてあげなくてはいけません。というのは、会社の経営状態がたいへん厳しい場合には、喫煙施設の整備どころではないかもしれません。そもそも「健康企業」のイメージを大事にする会社だとしたら、「この際、会社の敷地内での喫煙は我慢してもらおうか」ということになるかもしれないからです。

　こうしたいろいろな要素を考えながら、落ち着くべきところへ導く能力が「リーガルマインド」といえるでしょう。

◎ポイント 論理性とバランス感覚がリーガルマインドの命です。

No.2 リーガルマインドには たくさんの効能がある

 高いレベルでの学習やトラブル解決など、リーガルマインドには学習面やビジネスで多くの効能がある。

リーガルマインドにはどんな効能があるのか

「リーガルマインドの養成方法」についてはあとあとお話しするとして、先にリーガルマイドが身につくとどんないいことがあるのか、そのご利益をお話ししておこうと思います。

リーガルマインドの効能はたくさんあります。まず、法律の学習を重ねていったときの理解度が違ってきます。興味深く学習するうちに、深い理解に到達し、高いレベルの法律資格に手が届いたり、研究分野で優れた成果を出すことが可能となります。

また、ビジネスにおいても、コンプライアンス（法令遵守）の重要性が叫ばれて久しいですが、リーガルマインドを身につけていれば、法令や通達の合理的な解釈が可能になります。契約などでトラブルが発生した際、双方が納得する形での結論を導く力を与えてもくれるでしょう。

たくさんの効能を持ったリーガルマインドですが、ここでは大きく3つの効能についてお伝えしておきましょう。

効能① 条文を読む力が身につく

前項で「この感覚を身につけられれば、ものごとを筋道立てて考えることができますし、多くの人が支持する結論を導くことができ

ます」とお伝えしましたが、第2章以下の方法で法律を読んでいると、それに向けたいろいろな変化が現れるはずです。

　まず、最初に「条文を読むのがラクになる」ことでしょう。法律や条文は一定の論理的な組み立てパターンで作られています。ある意味、どんな法律もどんな条文も組み立て方に違いはありません。そのことに気がつけば、法律や条文を読むことにそれほどのパワーがいらなくなります。それは、一度列車の時刻表の見方がわかれば、さほど苦労せずに読みこなすことができるのと似ています。

　簡単にいえば、法律や条文にも「慣れ」の部分があって、その「慣れ」を早める効能があるということです。

効能②　資格試験など学習の効率がアップする

　現実的なご利益に、「資格試験などの勉強がラクになる」こともあります。「すぐに難関資格に合格する！」などとはいいませんが、テキストの記述の理解が進むということがあります。

　資格のテキストは、基本的に法律の規定に沿って、法律の趣旨を踏まえて書かれているものです。もちろん著者によって、説明の方法やわかりやすさに違いはありますが、小説などとは違い、その著者の独自の世界が展開されるわけではありません。つまり、法律や条文がある程度読めるようになると、テキストもそれだけすんなりと頭に入ってくるようになるのです。

　特に「メリハリ」をつけた勉強という点で、これは重要です。リーガルマインドが身につけば、自然とテキストの重要部分とそうでない部分が見分けられるようになります。

　法律や条文が実現しようとする目的や価値を通じた読み方に慣れれば、試験勉強が「丸暗記」ではなく、論理性を鍛える機会にもなります。

　さらにいいことは、一度法律や条文の論理性に慣れてしまうと、どんな法律資格であろうと、その感覚を「使いまわし」できるとい

うことです。

　もちろん、法律が違えばその法律が実現しようとする目的や価値は違いますが、法律の規定を組み立てている論理構成は、どの法律であっても大きな違いはありません。そのため、法律の論理性を理解してしまえば、どんな法律でもラクに読み解くことができるようになります。よく、法律資格をいくつも手にしている人がいますが、こうした人が現れるのもそのためです。

効能③　現実の問題に当てはめる力（解釈力）が身につく

　そして、最も期待できる変化が、「法律というルールを現実の問題に当てはめる力が身につく」ということです。

　この力がつくと「法律を学ぶ力」ばかりではなく「法律を使う力」を手に入れることになります。

　私生活や仕事上、やりたいことを実現するのに関係する法律を調べることがあるでしょう。この段階までいけば、国や自治体への問い合わせだって、法律資格者への相談だってスイスイです。トラブルが起こったときでさえも、法律の規定を味方につけられれば、とても心強いものです。

　こうした作業は広い意味で「法律を解釈する」ということになるのですが、第9章で改めてご説明することにして、ここではこのくらいにしておきましょう。

◎ポイント　リーガルマインドが身につくと、条文を読むことがラクになり、解釈力まで高まります。

No.3 学べば学ぶほど法律が面白くなる!

 法律は学べば学ぶほど面白くなっていく。法律を読み解く作業は知的好奇心を刺激する楽しいものだと知ろう。

楽しくリーガルマインドを身につけよう

　リーガルマインドを身につけることのご利益はわかっても、それには「高く険しい修行」を経なければならないように感じている読者の方もいるかもしれません。

　たしかに、先人たちのなかには、高く険しい修行を乗り切ることで、ようやくリーガルマインドを手に入れた人たちが少なくないこと思います。かつての私もそうでした。

　大学の講義も専門書も、初心者のことは考えてはくれません。法律を読み解くために必要な知識もなく、また法律に向かう姿勢も教えられていない者が、手加減なしの難しい条文や専門用語の壁にぶつかって、法律の学習をあきらめていきました。

　また、なんとか頑張って学習した人も、専門用語や独特の言い回しを知っていることが法律を知っていることであるとの錯覚に陥り、それ以上の学習に進めませんでした。運よく、これらの障害を乗り越えて学習を進めた者だけが法律学習の面白さにたどり着くことができたというありさまだったのです。

　もうこんな学習方法はやめましょう。法律学習の前に、ちょっとした準備をすれば、誰もがもっと簡単にリーガルマインドを身につけ、法律学習の面白さを手に入れることができるのですから。

解釈力とリーガルマインドのらせん階段とは?

　法律を読み解き、リーガルマインドを養っていく作業は、全くつらいものではありません。むしろ知的好奇心を刺激する楽しい作業です。車好きの子どもは、誰に頼まれなくても、どんどんと車の名前を覚えていくものですよね。ワイン好きは、ワインの経験を積むほどワインをより楽しめるようになります。法律の学習もそれと同じです。

　リーガルマインドが身についてくると「解釈ができるようになった」と感じることでしょう。解釈力が高まれば、さらにリーガルマインドが身につきます。解釈力とリーガルマインドはお互いに「らせん」を描きながら高まっていく関係にあるものなのです。

　こうなれば「しめた」もの。法律が楽しくなり、しかも得意になります。難しい資格試験の合格も、「法律に強い」という会社での評判も、いわば「おまけ」としてついてくるものです。

　この本は、そうした領域に、1歩でも早く、1日でも早く、近づくことを目的としているのです。

◎ポイント　リーガルマインドと解釈力はお互いに高まっていく関係にあります。

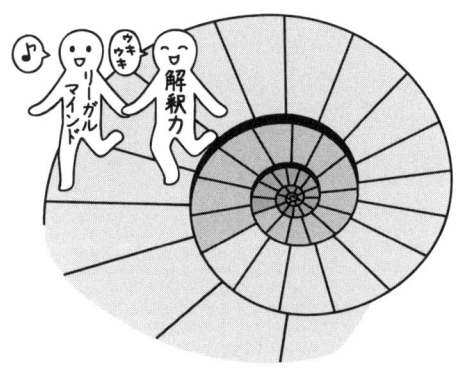

さあ、学習を始めよう!

 法律や条文を通じて、リーガルマインドの本質である「論理性」と「バランス感覚」、そして「解釈力」を養おう!

法律は暗記科目ではありません

　世の中には法律に関する知識を教えてくれる本は山ほどあっても、肝心の法律的な考え方や感覚を教えてくれる本はありません。それもそのはずです。法律的な考え方や感覚というものは、教えてもらうものではなく、自分で獲得していくしかないものだからです。

　そう考えると、法律を学習するということは、「△△に関する規定は××法の第○条にある」とか、「第○条ではどのような表現で規定されている」といったことを暗記するものだと思っている人がいるのもしかたのないことかもしれません。しかし、法律は暗記科目ではないのです。

　もし、あなたが「法律は暗記科目である」と思っているのなら、その考え方はここに捨てていってください。きっと、この本を読み終わる頃には考えが変わっているはずです。

法律や条文を通じてリーガルマインドを身につけよう

　この本のしかけは、法律や条文を通じて「リーガルマインドを身につけ、法律を読むセンスを磨き上げるための近道」をお伝えすることにあります。

　いろいろな法律や条文を引きながら、これらのなかに埋め込まれ

た「論理性」や「公平性」を紹介しています。「なるほど、そういうことだったのか……」そんな感想を持ちながら読んでいただければそれで十分です。2度、3度と読んでいるうちに、「論理性」や「公平性」を読み取る視点が育ってくるはずです。

狙い①　「論理的なセンス」を磨く

　第2・3章は「論理的なセンス」を磨くために書きました。法律は条文の組み立てなどを工夫して、論理的に読んでもらおうと「努力」しています。法律を読む視点として紹介していますが、このテクニックを盗むことができれば、ものごとを論理的に伝えることができるようにもなります。

狙い②　「公平性」の感覚を身につける

　「公平性」というのは「利益調整」する際の大事な視点です。「国民」とか「住民」などとひっくるめて表現する場合もありますが、それぞれの立場があり、その利益が一致しない場合もあります。いえ、一致しないのが普通といえるでしょう。ですから、法制度を作るときには必ず「公平性」という名の「利益調整」がなされるのです。そんなときこそ「バランス感覚」が力を発揮します。

　第4章では、法律や条文のなかで行われた利益調整を例にとりながら、「公平性」の感覚を身につけてもらおうと考えています。

狙い③　法令用語を知る

　次に第5章では、重要な法令用語を紹介します。法令用語は同じ日本語でも日常での使われ方とは少し違います。法令用語について紹介している書籍は数多くありますが、この本では「論理的に」法令を読むために必要な用語をセレクトして紹介しています。

狙い④　法律どうしの位置関係を意識する

　スカイツリーに登らなくとも、ちょっとした高いビルから眺めると街の広がりがひと目でわかるものです。第２～５章までが「ミクロ的」な視点なら、第６～８章は「マクロ的」な視点から「論理性」や「バランス感覚」を見ていこうと思います。第６、７章は法律どうしの位置関係を意識して読むということを、第８章は、民法、憲法、行政法を取り上げて、それぞれの法律に流れる「論理性」や「バランス感覚」を取り上げます。

狙い⑤　「解釈」について学ぶ

　第９章は法律の学習では欠かせない「解釈」について説明しています。実は、「解釈」と「リーガルマインド」とは切っても切れない関係にあるからです。

　これまで「もやもや」していたことがこの本を通じて「スッキリ」するはずです。そして、あなたのなかにも「リーガルマインド」の種が生まれて、育ち始めたことを感じるかもしれません。
　さぁ、少しでも早くページを先に進めましょう。

◎ポイント　条文の内容や法律用語を暗記することは法律を学ぶことのほんの一部でしかありません。

PART 2
条文から学ぶ「公平性」と「論理性」

第 2 章

法律の構造には意味がある

No.1 法律は筋金入りの理屈屋です

 法律には多くの論理的なテクニックが隠されている。条文を通してその論理性に触れてみよう。

法律を読めば論理的なセンスが身につきます

　法律は、筋金入りの理屈屋です。法律（条例も含めます）に定められることは、国民にとって嬉しい内容ばかりではありません。

　たとえば、何かしなければならないことが義務付けられたり、いままでできたことが禁止されることも多いものです。いいえ、そうした内容こそ、法律をもって定めなければならないのです。

　そのため法律は、人をうまく説得したり、ものごとを筋道立てて説明したりするためのたくさんのテクニックを秘めています。法律そのものがものごとを論理的に伝え、人を説得するための技術を駆使して作られているのです。多くの人が法律を学習するなかで、「法律を読むと論理的なセンスが身につく」と感じているのも、そのためでしょう。

法律家の「論理的なテクニック」を知ろう

　法律家が持っている論理的センスも、法律に接して、その技を自然に「モノにする」ことで養われている部分があります。もちろん、もともと論理的なセンスを持っていた人が法律家になることも事実ですが、法律家になればさらにその論理的なセンスが磨かれるという面もあるのです。

この章では、みなさんに、法律のなかで使われている論理的にものごとを説明し、伝えるためのテクニックをお話ししましょう。

　こうしたテクニックを押さえて法律を読めば、自然に論理的なセンスを磨くことができるようになりますし、当然、法律を読み解く力も養われます。

　法律が教えてくれる論理的なセンスを身につければ、近い将来、法律読みの実力ばかりでなく、弁護士も顔負けの論理的な思考力やプレゼンテーション能力が身につくかもしれません。

◎ポイント　論理的なセンスは法律を読むことで与えられます。

No.2 法律の構造には論理的なルールがある

 法律の構造はコース料理にたとえるとわかりやすい。その構造を知って法律の論理性を感じ取ろう。

本則こそ法律の本体

『法律を読む技術』でもお話ししましたが、法律の何が論理的かといって、その構造ほど論理的なものはありません。自然と内容が頭に入りやすい順番に条文が並んでいるのです。

まず、法律は本則と附則に大きく分かれます。本則こそ法律の本体です。附則はその法律が制定されたことで生じる問題の処理や整理を引き受けた規定が並びます。

第3章7節でも触れるように、本則と附則とを分けた理由は「時の次元の違うものを切り離した」という意味もあります。本則はこれからもずっと必要となる規定が、附則は法律が制定された際に必要となる規定が置かれるのです。「本則こそ法律の本体」というのはそういう意味です。

法律の構造はコース料理と同じです

法律の構造はコース料理にたとえるとわかりやすいかもしれません。コース料理はいかにメイン料理を楽しんでもらうかという視点で作られています。一方、法律の場合には、いかに「実体的規定」（中心となる規定のこと）を上手に味わってもらうか（理解してもらうか）を考えて条文が置かれています。

図表1 法律の構造とコース料理の関係

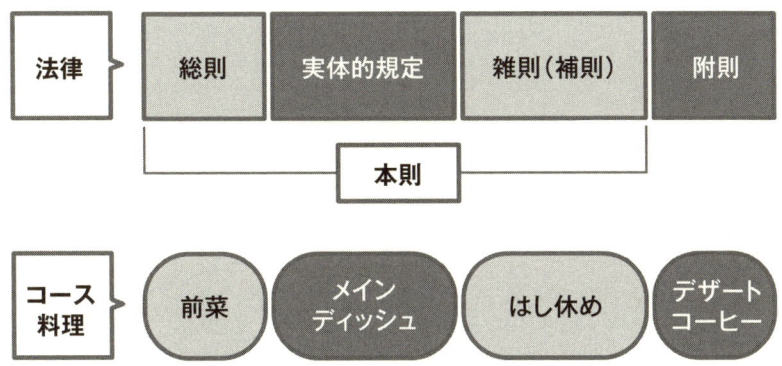

「総則」は前菜のようなもの

　料理の場合には、まず、前菜が出てきます。少し胃を刺激して、メイン料理への期待を高めるのが前菜の役割です。法律の場合には、「総則」という部分がこれに当たります。

　総則には、法律全体に共通することが規定されています。具体的には、その法律の目的やその法律で使われる言葉の定義が規定されるのですが、これがあると、実体的規定を読む頭の準備が整います。

メインディッシュは実体的規定

　さて、その次が実体的規定ですが、これぞ料理でいえばメインディッシュです。フランス料理の場合には魚か肉料理、和食なら焼き物や揚げ物なのでしょうが、法律の場合には実に様々です。

　たとえば、規制法なら禁止規定や許可制度に関する規定が置かれますし、助成法なら補助の対象や金額などに関する規定が並びます。

雑則があるから実体的規定が引き締まる

　さらに、実体的規定のあとには「雑則（補則）」が置かれることがあります。雑則（補則）は、法律全体に関わることなのですが総則に置くほど重要でない規定が並びます。「そうそう、こんなこともあります」という感じで実体的規定に続いて置かれます。「細かいことは政省令で定めますよ」とか「第○条の主務大臣は○○大臣ですよ」などの規定です。メインとは別に出される「はし休め」のようなものとでもいえるでしょうか。

　このように、細々した規定を雑則（補則）として規定するのは、実体的規定をスッキリわかりやすくさせる意味があります。雑則（補則）は、和食でいえば酢の物のようなちょっとした一品にすぎません。しかし、これがあると実体的規定が締まります。もし、その法律に罰則がある場合には、雑則（補則）のあとに置かれます。

◎ポイント　条文の並び方は、実体的規定をよく味わってもらうためのものとなっています。

第2章 | 法律の構造には意味がある

No.3
「題名」から法律の内容をイメージしよう

 題名には法律の内容を知らせるシグナルが散りばめられている。シグナルを読み取って内容をイメージしよう。

題名は短い言葉で内容を伝える

「私どもが企業内弁護士について提案したい点は2つあります」

会議や商談の冒頭で、こんな言い回しを耳にすることがあります。こういわれると、いわれた方もなんとなく聞く準備ができます。「なになに企業内弁護士について提案がある？ しかも2つ。よし聞いてやろう」という感じです。

法律の場合、最初に掲げられているのは法律の名前です。正式には「**題名**」といいます。この題名のつけ方には、読み手に適度な準備をさせるための「しかけ」が施されています。

最も大事なことは、「短い言葉で、その大まかな内容を伝えるものでなければならない」ということです。

たとえば「利息制限法」は利息の制限（上限）を定めた法律です。この題名から、「お金を貸した場合、これ以上は利息をとってはいけないよ」というような内容がある程度イメージできるはずです。

また、「自転車安全利用促進条例」であれば、その題名からだいたいの内容が推測できます。「自転車の事故を減らすための条例かもしれない……」そう思った人は、いい勘をしています。また、その名のとおり「法律」ではなく「**条例**」（地方公共団体の議会が定めた法令）であることも示しています。

PART2 条文から学ぶ「公平性」と「論理性」 33

法令の内容を イメージさせる	（例） ・利息制限法 ・自転車安全利用促進条例

「特別」や「臨時」の言葉が意味するもの

　ルールを通じて題名からイメージできることはまだまだあります。「○○特別措置法」や「○○の特例に関する法律」など、題名に「特別」・「特例」の文字があれば、それは**特別法**であることを示しています。

　特別法とは、一定の対象や一定の時期などについて、**一般法**（スタンダードな法律）の例外を定めた法律という意味です。一般法と特別法との関係を、「民法」（一般法）とその特別法である「商法」との関係で説明しましょう。

●民法

> （法定利率）
> 第404条　利息を生ずべき債権について別段の意思表示がないときは、その利率は、年5分とする。

　民法404条は、私人（一般の人）の間でお金の貸し借りをしたときの利率に関する規定です。お金を借りたいときには「いくら貸してほしい」「いつまで貸してほしい」などにばかり頭がいってしまって、「利息の率について定めていなかった……」ということもあるかもしれません。そうしたときの利率を年5％とするというのがこの規定の意味です。

　ただし、お互いに合意さえすれば利率はいくらでもいいのかといえばそうではありません。先ほどの利息制限法に定める利息を超えることはできません。さて、同じような利率についての規定は商法にもあります。

● 商法

> （商事法定利率）
> 第514条　商行為によって生じた債務に関しては、法定利率は、年6分とする。

　商法では法定利率は民法より高い年6％となっています。この規定は会社や商人が行った取引や立替えなどに適用される利率です。会社や商人は商売のプロ。一般の人に比べてお金をより有効に増やすことができるはずです。そこで、民法より高い利率が定められているのです。商売のうえでのお金の貸し借りですから、普通はぬかりなく利率を定めているはずです。しかし、定め忘れてしまったらこの6％が適用されます。

　民法が一般法であり、商行為だけの特別なルールである商法がその特別法であるという関係、わかっていただけたと思います。商法については、「商行為に関する特例に関する法律」とでも題名がつけられていればわかりやすいのですが、「商法」で長年親しまれてきたのでそうした題名はつけられていません。

「臨時」は時期を限った特別法

　さらに「臨時」の使い方も説明しておきましょう。題名に「臨時」の文字があれば、「例外措置が一定期間に限る」ということを示しています。つまり、特別法のなかでも「時期を限った」特別法であることを示しています。しかも、この「臨時」という言葉には「その期間はかなり短い」というニュアンスさえ嗅ぎ取ることができます。

　たとえば、平成24（2012）年に定められた法律に「国家公務員の給与の改定及び臨時特例に関する法律」があります。これは、東日本大震災の復興財源捻出のため、平成26（2014）年3月まで国家公務員の給与を減らすための法律でした。「ずっとはつらいけれ

ど、震災復興のためといわれたら、『臨時』ならしょうがないか……」と題名からも納得してもらえたかもしれません。

かなり改正していても「一部改正法」

　また、新しく法律を制定するのではなく、すでにある法律の一部分だけを改める法律が制定される場合があります。この場合の法律を「**一部改正法**」といいますが、これには「○○法の一部を改正する法律」という題名がつけられます。

　一部改正といいながら、かなりの部分を改正する場合もあります。しかし、新しい法制度を作るのではなく、あくまでもいままでの法制度のなかで手直しを加えようとするものです。法制度の趣旨や目的は基本的に変わるものではなく、問題解決の手段などを変えたり、加えたりする場合に使われるものです。

　「維新」だとか「一新する」など、政治の世界ではエキセントリックな標語が叫ばれることも多いものです。しかし、法律ではそうした「大風呂敷」を広げることはあまりしません。むしろ、そうしないことが、すべての人の信頼を得ることにつながるからです。

　法律でももちろん、いままでの制度に代えて新しい制度を導入することはあります。その場合には、これまでの法律を廃止し、新しい法律を制定することになります。

題名で法の目的や方向性を示すこともある

　さらに、法律の題名には「○○のための」という目的を書きこむこともあります。うまく表現できている場合には、とてもわかりやすい題名となります。「東日本大震災の被災者に対する援助のための日本司法支援センターの業務の特例に関する法律」などは、わかりやすい題名の例といえるでしょう。

　また、題名には、一定の方向性を示すものも見られます。「何のための法律なのか」、「世の中をどのようにしたいのか」を題名の一

図表2 法律の題名からわかること

法律の性格を伝える	（例） ・国家公務員の給与の改定及び**臨時特例に関する法律** ・国民年金法の**一部を改正する法律**
目的や方向性を書きこむ	（例） ・**東日本大震災の被災者に対する援助のための**日本司法支援センターの業務の特例に関する法律 ・競争の導入による公共サービスの改革に関する法律 ・国会審議の活性化及び政治主導の政策決定システムの確立に関する法律

部として書きこんでいる場合です。

「競争の導入による公共サービスの改革に関する法律」、「国会審議の活性化及び政治主導の政策決定システムの確立に関する法律」などがその例です。

◎ポイント　コツさえつかめば題名から法律の内容をある程度イメージするのは簡単です。

No.4

第1条に置かれた「目的規定」に注目しよう

「目的規定」には、その法律が目指す目的とそれを実現する手段が書かれている。まずは第1条を読んでみよう。

第1条には「目的規定」が置かれている

「あらすじで読む世界の名作」なんて本がありますが、実は、法律というのは、1条さえ読めばだいたいその法律の内容がわかるようになっています。

「まず1条だけ読んで、じっくり読むべき法律かどうか判断する」弁護士などの間ではそのように1条を使っている人も多いといいます。それは、たいがいの法律の1条に「目的規定」というものが置かれているからです。

目的規定とは、「これから始まる法律とはこんなものです」という要約やポイントを掲げる条文です。この目的規定がすごいのは「書き方のお作法」ともいうべきものが決まっていることです。

どの法律でも同じような書き方になっているので、すばやく法律の内容を理解できるようになっています。実際の例をひとつのぞいてみましょう。

● 麻薬及び向精神薬取締法

（目的）
第1条　この法律は、麻薬及び向精神薬の輸入、輸出、製造、製剤、譲渡し等について必要な取締りを行うとともに、麻薬中毒

図表3 「麻薬及び向精神薬取締法」の目的と手段

手段	・麻薬及び向精神薬の輸入、輸出、製造、製剤、譲渡し等について必要な取締りを行うとともに ・麻薬中毒者について必要な医療を行う等の措置を講ずること等により
目的	・麻薬及び向精神薬の濫用による保健衛生上の危害を防止し
究極の目的	・もって公共の福祉の増進を図る

者について必要な医療を行う等の措置を講ずること等により、麻薬及び向精神薬の濫用による保健衛生上の危害を防止し、もつて公共の福祉の増進を図ることを目的とする。

　目的規定は「この法律が取ろうとしている手段」と「この法律が目指しているところ（目的）」とを整理して規定するものとされています。長年、立法技術が磨かれるなかで、そうした書き方が定着しているといった方がいいでしょうか。図にまとめてみると「手段⇒目的⇒究極の目的」の順で表現されているのがわかります（**図表3**）。

法律の心意気を感じ取ろう

　注目してほしいのは、この法律で実現しようとする直接的な目的ばかりでなく、その目的を果たすことでマクロ的に社会にどのような影響を与えることができるのか（これを「究極の目的」といいます）さえ規定していることです。
「大人になったらお医者さんになって、病気の人を治して、みんな

が安心して暮らせる世界を作るんだ」子どもの頃、そんな夢を語った人もいるかもしれません。この「みんなが安心して暮らせる世界を作るんだ」に当たる部分が目的規定の「究極の目的」です。

もしかしたら「掲げる理想が高すぎる」と感じるかもしれませんが、それが法律の心意気というものです。人に働きかけ、人を動かすには「熱い大きな思い」が必要です。

立法技術が未熟だった頃に制定された法律には目的規定がありません。また、公的な組織や機関を設置することだけを目的とする法律などにも目的規定が置かれていません。組織を設けること自体が目的なので目的規定を置くこともないと考えられているからです。

しかし、それ以外の多くの法律や条例では1条に目的規定が置かれていますから、真っ先に読んでみることをおすすめします。

これは余談ですが、なかにはちょっと気持ちが入りすぎて「おおげさ」とも思える究極の目的もあります。また、究極の目的の大きさに気がついて、慌てて「資する」(間接的なものも含めて「役に立つ」というような意味)という言葉を選んでトーンダウンさせている場合もあります。次に挙げた公益通報者保護法もそんな例のひとつかもしれません。この辺りの「微妙な表現」も味わえると、もう上級者です。

●公益通報者保護法

> （目的）
> 第1条　この法律は、公益通報をしたことを理由とする公益通報者の解雇の無効等並びに公益通報に関し事業者及び行政機関がとるべき措置を定めることにより、公益通報者の保護を図るとともに、国民の生命、身体、財産その他の利益の保護にかかわる法令の規定の遵守を図り、もって国民生活の安定及び社会経済の健全な発展に**資する**ことを目的とする。

図表4　公益通報者保護法の規定の並び順

1条	目的規定
2条	定義規定
3条〜8条	公益通報者の解雇の無効などの規定
9条	公益通報をされた事業者がとるべき措置に関する規定
10条・11条	公益通報をされた行政機関がとるべき措置に関する規定

目次のない法律では第1条が力を発揮する

　目的規定を読み慣れてくると、「手段」の部分の書き方の工夫にも気がつくでしょう。手段の部分ではその法律で行うとする措置が並んでいますが、実はこれは「条文に出てくる順」となっているのです。つまり、1条は、条文を読むための目次のような役割さえ果たしてくれているのです。特に目次のない法律では1条が力を発揮します。

　公益通報者保護法でも、具体的な規定は**図表4**の順で並んでいます。目的規定と照らし合わせてみると「目次代わりになる」という意味がわかってもらえると思います。

手段と目的との関係を意識しよう

　さて、もう、みなさんは気がついたかもしれません。筋金入りの理屈屋である法律は、常に手段と目的を読み手に意識させようとしています。

　「麻薬及び向精神薬取締法」でいうと、様々な規制を行うのは、麻薬などがむやみに社会に出回り人々の健康をむしばむことを防ぐためです。目的規定の「麻薬及び向精神薬の濫用による保健衛生上の

危害を防止し」にはそうした意味が込められています。

　厳しく規制されることは息苦しいことです。しかし、麻薬などが人々の健康をむしばむのを防がなければならないという社会目標があって、それには徹底的に供給ルートを管理することが一番であると知れば、その規制が厳しいものでも納得できるでしょう。

　また、麻薬中毒者などの存在を放置するわけにもいきません。「麻薬中毒になったのは自分の責任じゃないか！」という声もあるでしょう。「公的な機関が治療の手助けをしてやるのは税金の無駄使い」との批判もあるかもしれません。

　しかし、麻薬中毒者の存在を許すと違法なルートで麻薬を供給しようとする動きにつながります。それは社会に麻薬が出回ることにもつながるはずです。「麻薬及び向精神薬の濫用による保健衛生上の危害を防止」するための手段として「麻薬中毒者について必要な医療を行う等の措置」が講じられているのはそのためなのです。

　このように法律は、単に行おうとする手段を規定するのではなく、その目的まで示しています。そのことこそが、多くの人を説得可能にしているといえるのです。

　さて、ここでみなさんにお尋ねします。もし、2人の市長選挙の候補者が以下のような選挙公約を掲げていたら、どちらに1票を入れるでしょうか？

候補者A	職員の数を大幅に減らします。徹底的に給与を減らす改革を行います。
候補者B	市の人件費を2割、圧縮します。そしてその分を子育て世代や安全・安心のために使います。

　AとBと半々ぐらいかもしれません。いいえ、意外に「Aに投票する」という人が多いということもあるでしょう。確かに「ポピュ

リズム政治」といわれるように、理性に訴えるよりも、感情に訴える政治家が多いのは事実です。また、感情に訴えれば、聞いている者の心にも響きます。

　しかし、落ち着いて話を聞いたり、文章として起こしてみると、やはり優れているのはＢの方です。Ａが主張していることは、手段なのか目的なのかわからないからです。その点、Ｂは手段と目的の関係がハッキリしています。あとで「ああいったじゃないか……」と責任を追及される可能性はありますが、「人件費を2割、圧縮します」と手段を具体的に示しているところにも好感が持てます。

　このように「〜したい」とプランを他人に訴える場合には、手段と目的とを意識しながら行うことが大切です。訴えたい部分にメリハリをつけるのは「あり」ですが、手段と目的の関係がない文章は相手の信頼を失う可能性もあることに注意が必要です。

◎ポイント　題名や1条（目的規定）から、その法律がどのような法律なのか先に予測できると法律をしっかりと読むことができます。

練習問題

【問題1】

　もし、「地震対策緊急措置法」という題名の法律があったとしたら、それはどんな内容の法律であると想像できるでしょうか？　以下の選択肢からひとつ選んでその記号を記してください。

> 選択肢
> ア　重要な地震対策を定めた条例
> イ　地震対策の基本的理念を定めた法律
> ウ　極めて急いで行うべき地震対策を定めた法律

解答（　　）

【問題2】

　その法律の題名はわかりませんが、次のような目的規定があるといいます。この条文にもし題名をつけるとするとどんな題名がふさわしいと思いますか？　以下の選択肢からひとつ選んで、その記号を記してください。

> （目的）
> 　第1条　この法律は、男女の人権が尊重され、かつ、社会経済情勢の変化に対応できる豊かで活力ある社会を実現することの緊要性にかんがみ、男女共同参画社会の形成に関し、基本理念を定め、並びに国、地方公共団体及び国民の責務を明らかにするとともに、男女共同参画社会の形成の促進に関する施策の基本となる事項を定めることにより、男女共同参画社会の形成を総合的かつ計画的に推進することを目的とする。

> 選択肢
> ア　男女人権尊重基本法
> イ　男女共同参画社会基本法
> ウ　男女共同参画特別法
>
> 解答　（　　）

解　答

【問題1】：ウ

　（解説）「法」とあるので、法令の種類としては法律です。しかも、緊急の地震対策を定めたものですので、正解はウとなります。

【問題2】：イ

　（解説）目的規定は、「手段・目的・究極の目的」の順で規定されます。この法律の場合には、「究極の目的」の部分がありませんが、「目的」を定めた部分がヒントになります。「男女共同参画社会の形成を総合的かつ計画的に推進することを目的とする」とあるのですから、「男女共同参画社会形成促進法」という題名が頭に浮かびます。ただ、「施策の基本となる事項」を定めた法律だとわかれば、イが題名としてふさわしいとわかるでしょう。なお、アはこの法律の背景にある基本的な考え方です。ふさわしくないわけではありませんがイの方がベターです。この法律は何かの法律の「特別法」ではありませんのでウはふさわしくありません。

No.5 条文の並び方のルール（時系列の支配）を知ろう

> 時系列でものごとを説明されることは誰にとってもわかりやすいもの。そのため、法律の規定も時系列で並んでいる。

人は時間のなかに身を置く生き物です

　小学1年生の太郎君がお母さんに話をしています。「隼人君と遊んだよ。それと給食食べてね、体育館で体育をしたんだ」

　お母さんが「昼前に体育館で体育をして、給食を食べて昼休みに隼人君と遊んだんでしょ？」と尋ねると「そう」と答えます。本人にとっては前後関係なんてあまり気に留めていないようです。

　確かに「一番伝えたいことを最初にいう」ということは大事なことです。しかし、話がある程度長くなるなら、やはり一定の順序で話した方がわかりやすいということも事実でしょう。

　もし、みなさんが上司に「昨日、一日の出来事を報告しろ」といわれたらどうでしょう。小学生の太郎君とは違い、きっと「出社して午前中はお得意様回りをして、外出先で昼食をとり、午後から発注していたパンフレットの刷りあがりの確認に印刷会社に行ってきました」と順を追って報告するはずです。

　ここで「順を追って」と書きましたが、この「順」とはたいがいの場合、時間の経過順、つまり、「時系列」ということになります。人は時間のなかに身を置く生き物ですから、「時系列にしたがって説明されるとスンナリ受け入れる」という習性があります。

　こうした人間の習性を利用して、法律の規定は並べられていま

す。特に手続を定めた法律（手続法）においては、ほぼ100％、時系列に手続の規定が並べられています。これを**「時系列の支配」**が及んでいるといいます。これも法律の論理性を高めるためのテクニックのひとつです。

条例で「時系列の支配」を確かめてみよう

　試しに、多くの自治体で制定されている「自転車の放置防止に関する条例」を取り上げてみましょう。以下はある市の条例ですが、「放置防止のための措置」の条文は次のように並んでいます。

●××市自転車の放置防止に関する条例

```
第１条〜第７条　略
第８条　（放置禁止区域の指定等）
第９条　（自転車の放置の禁止）
第10条　（放置自転車に対する措置）
第11条　（保管した自転車に係る措置）
第12条　（費用の徴収）
第13条　略
```

　まず、一定の区域を定めて自転車の放置を禁止します（8条、9条）。違反自転車には警告書が取りつけられますが、それでも放置を続けていると、別な保管場所に運ばれてしまいます（移送）（10条）。

　そして、保管後、市は自転車を保管したことを告示したり、自転車の所有者がわかるようならその旨を連絡します（11条）。

　自転車の所有者は移送、保管にかかった費用を支払うことで自転車の返還を受けることができます（12条）。

　8条から12条はまさにこの手続の順に条文が並んでいるのがわかるでしょう。

時系列の支配

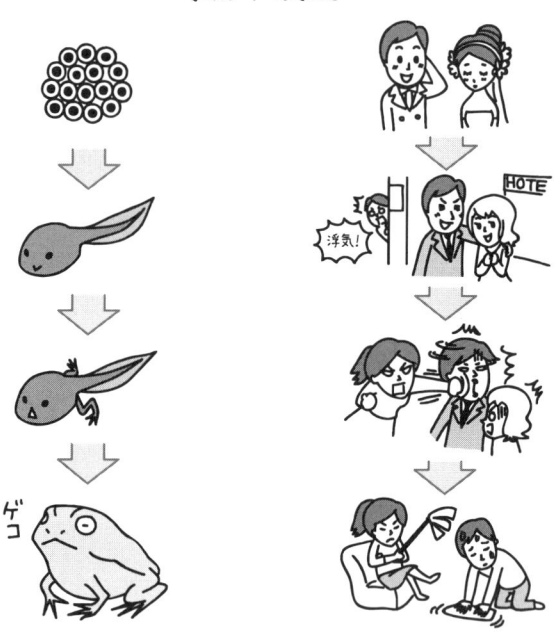

会社法に見る「時系列の支配」

条文の全部に時系列の支配が及んでいなくとも、その一部を取り上げてみると、やはり時系列の支配が及んでいる場合が多いものです。次の条文は、会社法のなかの株式会社の監査役会に関する規定の見出しを並べたものです。

● 会社法（抄）

第391条　招集権者
第392条　招集手続
第393条　監査役会の決議
第394条　議事録
第395条　監査役会への報告の省略

まず最初が、誰が監査役会を招集できるかを定めた規定（各監査役が招集できます）（391条）。そして、監査役会の招集手続（392条）、決議の手続規定が続きます（393条）。次が、監査役会終了後の議事録の保存や閲覧などの規定（393条・394条）です。
　監査役会が招集される場面、監査役会の決議の場面、監査役会の終了後の手続の場面と時系列に沿って規定が置かれているのがわかるでしょう。みごとな「時系列の支配」ですが、395条だけは時系列から外れています。395条には、取締役などが監査役会への報告を省略できる例外的な場合が定められているのですが、これはこれで次に述べるルールにしたがっているのです。例外は後回しにして規定するというルールです。

◎ポイント　時系列を意識して法律の条文を読みましょう。論理的な思考が高まります。

No.6 例外的な規定は後回しになっている

「時系列の支配」以外にも条文を論理的に読ませるためのルールがある。そのルールを知っておこう。

時系列に支配されない場合のルール

　前項でご説明したように、条文の並び方には「時系列の支配」というルールがあり、読み手がこのルールを頭に置いて読めば、条文を論理的に読み進めることができます。

　ただ、すべての条文が時系列に支配されているわけではありません。ですが、そんな場合にも、論理的に読ませるための条文の並び方のルールというべきものがあります。それは、「重要度が高いものから重要度が比較的高くないものへと規定する」、「先に原則的なものを規定したあとで例外的なもの規定する」というものです。

（時系列に支配されていない条文の並び方のルール）
・重要度の高いものから ⇒ 重要度の比較的高くないもの
・原則的なものから ⇒ 例外的なもの

　たとえば、次は、「遺言」（法律の世界では「いごん」と読みます）について定めた民法の規定の目次です。

●民法目次（抄）

　第7章　遺言

> 第1節　総則
> 第2節　遺言の方式
> 　**第1款　普通の方式**
> 　**第2款　特別の方式**
> 第3節　遺言の効力
> 第4節　遺言の執行
> 第5節　遺言の撤回及び取消し

民法の「遺言の方式」を見てみよう

「第2節　遺言の方式」は遺言の書き方についての規定です。このときの遺言をする方法は大きく2つあります。まず「普通の方式」、そして「特別の方式」です。

　普通、遺言をする場合、時間的な余裕があるものです。「普通の方式」とは、落ち着いてあれこれ考えてその思いを残すことができる場合の遺言の方式をいいます。

　これに対して「特別の方式」は、例外的な場合の遺言の方法です。たとえば、急に重い病気になってしまって死の床にあるような場合を考えてみてください。遺言を書きたくても、もはや自分で遺言を書く力は残っていません。そんなときには3人の証人を立ち会わせて本人の言葉を遺言として書き残すことができます。「おじいちゃん、家は一郎に、畑とポチは二郎にあげるということでいいのね？　ちゃんと書いておくね」という感じの遺言です。

　この「死亡の危急に迫った者の遺言」を含め、特別の方式の遺言には、次のようなものが民法に定められています。

●民法見出し（抄）

> 第976条　死亡の危急に迫った者の遺言
> 第977条　伝染病隔離者の遺言

第978条　在船者の遺言
　　第979条　船舶遭難者の遺言

　「特別の方式」の遺言自体がイレギュラーなものですが、その「特別の方式」を眺めてみると、「ありそうな順」であることが見えてきます。少なくとも「死亡の危急に迫った者の遺言」が一番ケースとして多いはずです。次の「伝染病隔離者の遺言」はいまではレアなケースのように思えますが、この規定が盛られた当時はいま以上に重要性が高かったに違いありません。となると、この特別な方式の遺言は、「重要性が高いもの」⇒「重要性が比較的高くないもの」の順で並んでいることが確かめられます。

遺言の章で見る「時系列の支配」

　民法の遺言の章は、遺言の書き方を説明する場面（第2節）、遺言を書いた人が亡くなって遺言の効力が発生する場面（第3節）、最後に遺言が執行される場面（第4節）へと規定が続きます。やはり、「みごと！」に時系列の支配が及んでいます。

　なお、第5節は「遺言の撤回及び取消し」となっていますが、これは第2節から第4節が「遺言が動き出す」原則的な場合であるのに対して、遺言が撤回されるなど例外的な場合として位置づけられているのです。

◎ポイント　「重要度が高いもの」から「低いもの」、「原則的なもの」から「例外的なもの」へと条文が並ぶ場合もあります。

練習問題

次のア〜ウは、取消訴訟（行政処分などの取消しを裁判所に求める訴訟のこと）に関する行政事件訴訟法の条文の内容を抜粋したものです。

訴訟の手続の進み方を頭に置きながら、条番号の若い（早く出てくる）順に並べ替えてください。

> ア：裁判所は、必要があると認めるときに、職権で証拠調べをすることができる
> イ：原告適格（誰が取消訴訟を起こすことができるかに関すること）が認められる者
> ウ：取消判決等の効力

解答　（並べ替え）⇒（　　）→（　　）→（　　）

解答

（並べ替え）⇒（　イ　）→（　ア　）→（　ウ　）

（解説） 訴訟の手続を追って考えれば正解にたどりつけます。

まず、イの原告適格の規定は誰が訴訟を起こす者（原告）となれるかに関する規定です。たとえば、処分の取消訴訟は全くその処分に関係ない者は起こすことができません。処分の取消しを求めることについて「法律上の利益を有する」者でなければならないと定められているのです（9条）。訴訟を起こせるかどうかの入口の話ですから、これがまず最初に来る条文となります。

その次はアです。裁判所は当事者が主張することに関して自ら（職権で）証拠調べをすることができます（24条）。これは訴えの

内容が審理されている途中の話ですから、原告適格よりあとの規定ということになります。最後は判決の効力を定めた条文ですから、判決後に必要となる規定（32条）といえるでしょう。
　そうであれば、当然、イ→ア→ウの順になります。

PART 2
条文から学ぶ「公平性」と「論理性」

第 3 章

条文の構造の
ルールを知ろう

No. 1 「等」の読み方をマスターしよう

> 「等」の読み方を知らなければ法律を正しく読めるとはいえない。「等」の使い方と読み方を知っておこう。

法律の「等」には厳密なルールがある

　次はとても地味な話題です。しかし、一番、伝えたいことをしかも正確に使えるためにはどうしても使いたいスキルです。それは「等」という言葉を効果的に使うということです。
「餃子なんか注文しようか？」
「篠田麻里子なんかかわいいと思うんだけれど」
　このような「なんか言葉」を最近よく耳にしませんか？「餃子が食べたい」、「篠田麻里子さんのことが大好き」といえばいいのですが、いかにも他に選択肢があるような感じで（この「感じで」も「なんか言葉」の仲間です）「なんか」を使っています。「餃子が好きでない人がいるかもしれないから……」とか「篠田麻里子さんが大好きとストレートにいうのが少し恥ずかしいから……」、そんな気持ちから「なんか言葉」を使うのでしょう。
　その感覚のまま、ビジネス上の文章でも、やたらと「等」を入れたがる人がいます。
「社内コンプライアンス確立等の観点から」とか「業界の再編等の動きに対応して」など、注意してみると意外に「等」が多用されている文章は多いものです。「社内コンプライアンス確立の観点から」というよりも、「〜確立等の観点から」とした方が、なんとなく安

心です。そのため、何か想定外のことが起こったときの「アローワンス」のつもりで「等」を入れるのでしょうが、法律の世界ではそんな「なんとなく安心」は通用しません。

「何が当てはまるかを想定したうえで『等』を使う」こうしたルールが徹底しているのが法律です。法律の条文で「等」を使う場合、必ず、「等」とは「○○」と「××」と「△△」です、と具体的に列挙できなければなりません。法律を運用するときに、なんでもかんでも「等」に含められてしまっては大変だからです。

「等」はその前にあるものが代表的なものであることを示したうえで、「別にもある」ということを読み手に意識させるために使います。つまり、「一番伝えたいことを最初にいう」ということと、「正確にいう」ことを両立させるために使われているのです。

「等」の使い方で変わる意味を知っておこう

以下の①～③の３つの文章は「パエリア・スナック」という架空のスナック菓子についての文章ですが、「等」の広がりを味わってみてください。

> ①パエリア・スナックは、エビ、イカ等の海産物を使って味付けをしています。
> ②パエリア・スナックは、エビ、イカ等の海産物等を使って味付けをしています。
> ③パエリア・スナックは、エビ、イカ等の海産物を使って味付けする等の特徴があります。

①は、パエリア・スナックが、主にエビやイカの味がするシーフードパエリア味のスナック菓子であることを伝えてくれています。普通、シーフードパエリアといえば、ムール貝などの貝が入っているのが定番なのですが、「エビ、イカ等」と表現したのは、そ

うした味わいをオモテに出したことがこのスナックの特徴であることを伝えたかったからでしょう。

②では、基本的には、シーフードパエリア味なのだけれども、海産物以外の食材も使って味付けされたことがわかります。①では「海産物を使って」と書かれているのに対し、ここでは「海産物等を使って」と書くことで、海産物以外の食材を使っていることを伝えようとしています。

たとえば、シーフードパエリアに、鶏肉が入っていることもあります。好みの問題ですが、私は鶏肉を入れることで味の深みが出るように感じます。「海産物等」としたことも、そうした味の深みを感じさせたいという意識の現れかもしれません。

③は、パエリア・スナックの「売り」はシーフードパエリアをスナック化したところですが、「海産物を使って味付けする等の特徴」があると書くことで、味付け以外にも「売り」があるということをいいたかったのでしょう。「新技術でパリッと揚げた食感も新しい」なんてことがあるのかもしれません。

「等」が読めて初めて条文が正確に読める

「等」の使い方で意味の幅が出てくることがおわかりいただけたでしょうか。それでは、実際の条文で「等」の広がりを味わってみましょう。これは先ほどの「麻薬及び向精神薬取締法」1条です。よく見ると「等」が3カ所、使われています。

●**麻薬及び向精神薬取締法**

（目的）
第1条　この法律は、麻薬及び向精神薬の輸入、輸出、製造、製剤、譲渡し**等**について必要な取締りを行うとともに、麻薬中毒者について必要な医療を行う**等**の措置を講ずること**等**により、麻薬及び向精神薬の濫用による保健衛生上の危害を防止し、も

つて公共の福祉の増進を図ることを目的とする。

　これらの「等」がどのような広がりを示したものなのか、正解は「麻薬及び向精神薬取締法」の条文のなかにあります。
　最初の「等」についてですが、次の12条を見ると答えがわかります。「小分け、譲受け、交付、施用、所持、廃棄」をも禁止しているので、これらの行為を「等」に含めているようです。

（禁止行為）
第12条　ジアセチルモルヒネ、その塩類又はこれらのいずれかを含有する麻薬（以下「ジアセチルモルヒネ等」という。）は、何人も、輸入し、輸出し、製造し、製剤し、小分けし、譲り渡し、譲り受け、交付し、施用し、所持し、又は廃棄してはならない。（以下、略）。
2～4　略

　2つ目の「麻薬中毒者について必要な医療を行う**等**の措置」の「等」は、条文のなかから、医療以外に麻薬中毒者に行われる措置を探し出せばいいでしょう。次のような措置がそれに当たります。

（行動の制限）
第58条の10　麻薬中毒者医療施設の管理者は、措置入院者につき、その医療に欠くことのできない限度において、その行動について必要な制限を行なうことができる。

（所持品の保管）
第58条の11　都道府県知事は、措置入院者の所持品中にその者に対する医療の妨げとなる物があるときは、その者の入院中、当該職員をして、これを保管させることができる。

3つ目の「等」は、医療を行うことや、前掲の58条の10や58条の11に示された措置以外に「麻薬及び向精神薬の濫用による保健衛生上の危害を防止」するために行われるものを示しています。麻薬や向精神薬に関する様々な届出制度はそのひとつでしょう。

> （麻薬研究者の届出）
> 第49条　麻薬研究者は、毎年11月30日までに、左に掲げる事項を都道府県知事に届け出なければならない。
> 　一　前年の10月1日に管理した麻薬の品名及び数量
> 　二　前年の10月1日からその年の9月30日までの間に新たに管理に属した麻薬及び同期間内に製造し、製剤し、又は研究のため使用した麻薬の品名及び数量
> 　三　その年の9月30日に管理した麻薬の品名及び数量

　法律の場合、こうした「等」の意味を探ることが正確な条文読みにつながります。そして「等」を効果的に使うことが、読み手に広がりを感じさせることにも役立ちます。
　「これはひとつの例にしかすぎないのだな」、「いくつもあるうちでこのことが代表的なものなのだな」といったことを感じさせながら読み進めさせることができるのです。
　法律を読むうえでは、「等」と書いた掛け軸を床の間に掛けたいくらい、「等」はないがしろにできない言葉なのです。「等」が読めて初めて条文が正確に読めるようになるといってもいいすぎではありません。

◎ポイント　地味な存在ですが、「等」が上手に読めれば条文の理解はさらに正確なものになります。

第3章 | 条文の構造のルールを知ろう

No.2

条文の「主語」と「文末」に注目してみよう

法律は「誰が何をすべきなのか」が明確でなければならない。
主語と文末を明確にするための工夫を見てみよう。

法律は主語と文末がハッキリしている

　日本語の特徴はいくつかありますが、多くの人が指摘するのは、主語があいまいなことです。なんとなく主語がはっきりしない方が「やんわり」とした印象の文章になります。やんわりするといえば、文章の末尾もそうです。上から目線的な言葉が嫌われるからでしょう。近頃では、主語以上にあいまいです。

　たとえば、駅のトイレには「気持ちよく使いましょう！」とあります。これなど、施設管理者が利用者に呼びかけているのですが、誰がどうしなければならないのか文法的にはわかりません。

　さらに「いつもきれいにご利用いただきありがとうございます」という掲示の意味などは、文字通り読むと意味不明なものとなってしまいます。「はい、はい。『きれいに使え！』ってことね」。そういってトイレを利用してくれる人を前提にした貼り紙は、とても日本的な光景なのでしょう。

　こうした情緒的な言葉は人間関係に波風を立てない工夫かもしれません。しかし、法律を考えるうえでこれは命取りです。法律では「誰が何をすべきなのか」ということがとても大切です。法律の規定が向けられている人は誰なのか、そして、その人がどのように行動することが求められているのかがハッキリしないとルールを示し

PART2 条文から学ぶ「公平性」と「論理性」　61

たことにならないからです。こうした視点から、法律では主語と文末をハッキリさせることにとても神経を使っています。

権利義務に関わる規定は特に要注意

　法律では、国民の権利義務に関わる規定についての神経の使い方は並大抵ではありません。たとえば、次の条文は運転免許の携帯義務の根拠規定です。「誰が、どんな場合に、何をしなければならないのか」が注意深く書かれているのがわかります。

　ひとつだけ気になるのが「自動車等」の「等」ですが、もちろん、義務付け規定ですので、ちゃんと定義がされています。道路交通法84条1項では「自動車及び原動機付自転車」を「自動車等」と略称していることが説明されています。これで義務の内容はすべて明らかになります。

●道路交通法

（免許証の携帯及び提示義務）
第95条　**免許を受けた者は**、自動車等を運転するときは、当該自動車等に係る免許証を携帯していなければならない。
2　略

「主語を述語に近づける」工夫とは？

　法律の条文では、ひとつのことがらは「。（句点）」をはさまず書いてしまおうとする傾向があります。一旦文章を切ると、前の文章とあとの文章とのつながりをめぐって、いろいろな読み方が生じてしまいます。そこで、「一筆書き」のような書き方をするのです。

　この「一筆書き」は、条文が「読みにくい」と感じる原因にもなりますが、これも、すべての読み手に同じ意味に受け取ってもらうための工夫といえます。

ただ、問題も生じます。一筆書きでは、「誰が（主語）、どんな場合に、何をしなければならないのか（述語）」の主語と述語の間に、とてつもなく長い文章が入ってしまうことがあります。せっかく主語を明らかにしても、これでは条文の意味が理解しにくくなってしまいます。そこで、こんなときには「主語を述語に近づける」工夫をします。

実際の条文を見てもらった方が早そうです。前掲の道路交通法95条でいえば、もし、「自動車等を運転するときは」の部分がもっと長いなら、この部分を前にもってきて主語をわかりやすくすることでしょう。

次の民法567条1項がその例です。2項の主語の位置と比べてみると、「主語を述語に近づける」という意味がわかってもらえると思います。

●民法

> （抵当権等がある場合における売主の担保責任）
> 第567条　売買の目的である不動産について存した先取特権又は抵当権の行使により買主がその所有権を失ったときは、**買主は**、契約の解除をすることができる。
> 2　**買主は**、費用を支出してその所有権を保存したときは、売主に対し、その費用の償還を請求することができる。
> 3　略

駅のトイレの貼り紙に話を戻しましょう。

「気持ちよく使いましょう！」、「いつもきれいにご利用いただきありがとうございます」といった貼り紙が伝えたい内容を、もし法律の条文で書くとどうなるでしょうか？　たぶん次のような条文になることでしょう。

> （駅のトイレ利用者の義務）
> 第〇条　駅のトイレを利用しようとする者は、他に利用する者の迷惑にならないよう、当該トイレを清潔に利用しなければならない。

　これなら「誰が何をしなければならないか」が明らかなはずです。さらにこの文章では「他に利用する者の迷惑にならないよう」と、「しなければならない」理由も簡潔に加えました。言い方はきつくなったかもしれませんが、主語と文末がハッキリして論理性が高まったことは間違いありません。

　◎ポイント　条文において「主語」と「文末」の確認は重要です。

No.3 文末表現の意味を押さえておこう

> 読み手に同じ意味に受け取ってもらうため、法律の文末表現は限定されている。それぞれの意味を理解しておこう。

文末表現のバリエーションを見てみよう

　ここでは改めて、条文の文末表現に注目してみましょう。法律の場合、主語とならんで重要なのが述語の文末表現です。試しに六法を開いて、法律条文の文末を見てください。
「する」を例にとると、たいがいは次のような表現になっているはずです。

作為	不作為
「～する」 「～することができる」 「～するように努めなければならない」 「～しなければならない」 「～するものとする」	「～しない」 「～しないことができる」 「～しないように努めなければならない」 「～してはならない」 「～しないものとする」

　条文ばかりでなく、公的な文章の場合にもこうした文末表現が使われています。文末の表現のバリエーションが少ないのはお役所や公務員の表現能力が低いからではありません。決まった表現には決まった意味を持たせて、読み手に同じ意味に受け取ってもらうためなのです。こうした文末表現の意味を押さえておきましょう。

「〜する」と「〜しない」

　ある国の王様は「シイタケ」が大好き。国中を「シイタケ」でいっぱいにしようと考えました。そこでこんなお触れを出しました。

> 毎月1日は「シイタケの日」とする

　この場合、「する（しない）」は、「そのような建前・ルールにした」ことを伝える意味となります。これは、「毎週の始めは日曜日である」という表現と比べてみるとわかりやすいかもしれません。こちらは単に事実を伝えるものです。しかし、もし、毎週の始めを水曜日にしようとするのであれば、「毎週の始めは水曜日とする」と表現しなくてはならないでしょう。
　次の民法22条も同様の使い方をしています。

●**民法**
> （住所）
> 第22条　各人の生活の本拠をその者の住所**とする**。

　王様は、国民がさらにシイタケに親しんでもらうことをねらって、毎月1日を「シイタケの日」と定めたのでしょう。それがこのお触れの意味となります。

「〜することができる」と「〜することができない」

　「することができる（することができない）」は能力・権限があるとか、ないとかを示す場合に使われます。ただ、権限が与えられた者が公的機関である場合には、少し注意が必要です。

> シイタケ大臣は、1年間20キロ以上のシイタケを栽培した者に対して褒美の品を与えることができる

この場合、大臣は「褒美の品を与える」権限を与えられたといえます。ただ、大臣はこの権限を自由に使うことができるかといえばそうではありません。いやしくも、公的な機関なのですから、与えられた権限を公正に行使しなければならないのです。
　もし、AさんとBさんがそれぞれ、20キロのシイタケを栽培したとします。その場合には、大臣は、どちらへも褒美の品を与えなくてはなりません。よほどの理由がない限り、Aさんには褒美の品を与えて、Bさんには与えないということは許されないのです。
　その意味で、上の文章は「シイタケ大臣は、1年間20キロ以上のシイタケを栽培した者に対して褒美の品を与えなければならない」に近いといえます。

「～するよう努めなければならない」と「～しないよう努めなければならない」

　「～しなければならない」「～してはならない」といいたいけれど、「現実的にはそこまでは難しい……」というような場合に使われる言葉が「～するよう努めなければならない（～しないよう努めなければならない）」です。
　これは「**努力義務規定**」と呼ばれています。所詮、努力義務ですから、これに反したとしてもペナルティを科すことはできません。

日常で使う言葉でいえば「できるだけしなければならない」とか「できるだけしないようにしなければならない」という意味だと思えばいいでしょう。

だんだんと寒くなる頃、シイタケが大好きな王様から以下のようなお達しが各家庭に届きました。

> すきやきには、マツタケに代えてシイタケを使用するよう努めなければならない

シイタケ大好きの王様ですから、本当はすきやきにもシイタケを使ってほしいのが本音です。しかし、マツタケのような香りがシイタケにはないこともわかっています。どうしても、マツタケ入りのすきやきを食べたい人はいるに違いありません。その人たちに無理強いもできないでしょう。そこで、努力義務規定にとどめたのです。このお触れにはそうした王様の心の揺れが現れています。

「～しなければならない」と「～してはならない」

王様が、すきやきにシイタケを入れることを義務付けたいと思ったら、こういうお触れを出すはずです。

> すきやきにはシイタケを入れなくてはならない。違反した者はその名前を宮殿前に公表する

これはストレートな義務規定ですから解説は必要ないでしょう。ただ、法律の場合には、違反したときのペナルティがあるかどうかを確認しておきましょう。ペナルティとしては、あとに述べるように罰金、過料などがあります。また、近頃ではお触れのように「違反者の名前（企業名）を公表する」という方法もとられます。

法律のなかにも、義務付け規定を置きながら、ペナルティに関す

る規定がないものもあります。「ペナルティがないのなら、努力義務規定でもよかったじゃないの？」という声があることでしょう。それはそうですが、そこは「気持ち」の問題です。

「ペナルティを科すことは難しいけれども、努力義務以上に、強い義務を課したい」そんなときに利用されるのが罰則なしの義務規定というわけです。

「～するものとする」と「～しないものとする」

なかなかその意味がわかりにくいのが「ものとする」という表現です。基本としては、「～する」と表現してもいいことなのですが、「重々しさを出したい」場合に使われます。お触れの文末を「～するものとする」とすると、いわれた方は「ははぁ！」としたがわなければならないような雰囲気が出ますよね。こうした効果を利用して重々しさを出そうとする際には使いやすい表現です。

たとえば、次の規定は土・日・祝日などを休みとすることを述べた法律の規定です。民間であれば「誠に御迷惑をお掛けいたしますが……」といった言葉で始まりそうですが、国の場合にはどうもそういう雰囲気ではありません。

「執務は、原則として行わないものとする」といわれてしまっては、それにしたがわざる得ない雰囲気が漂います。

●行政機関の休日に関する法律

（行政機関の休日）
第1条　次の各号に掲げる日は、行政機関の休日とし、行政機関の執務は、原則として**行わないものとする。**
　一　日曜日及び土曜日
　二　国民の祝日に関する法律（略）に規定する休日
　三　12月29日から翌年の1月3日までの日（前号に掲げる日を除く。）

> 2・3 略

　ただし、「するものとする」は、主語が行政機関である場合には注意が必要です。行政機関が主語の場合には「ものとする」とあっても、「しなければならない」の意味で解釈しなければならないのです。つまり、行政機関に対する義務規定ととらえることができます。

●行政機関の保有する情報の公開に関する法律

> （開示請求をしようとする者に対する情報の提供等）
> 第22条　略
> 2　総務大臣は、この法律の円滑な運用を確保するため、開示請求に関する総合的な案内所を**整備するものとする。**

　ただ、最近は、行政機関が主語の場合にも「しなければならない」と規定する例が増えてきました。行政機関といえどもちゃんと義務付けしないといけないという風潮が高まってきたからでしょう。
　具体的な行為を行政機関が行うべき場面では「しなければならない」が普通になりつつあります。

●行政機関の保有する情報の公開に関する法律

> （行政文書の開示義務）
> 第5条　行政機関の長は、開示請求があったときは、開示請求に係る行政文書に次の各号に掲げる情報（以下「不開示情報」という。）のいずれかが記録されている場合を除き、開示請求者に対し、当該行政文書を**開示しなければならない。**
> 一〜六　略

このように、法令の文末は「条文の本気度」をはかるバロメーターでもあります。文末表現にも注目です。また、契約書などで義務規定を盛る際にも、こうした文末表現のバリエーションを使ってみましょう。

◎ポイント 条文は最後まで読むこと。文末の表現が「条文の本気度」をはかるバロメーターです。

練習問題

次の条文は「行政機関の保有する情報の公開に関する法律」の一部です。空欄となっている文末にふさわしい表現を選択肢の中から選んでください。

（開示請求権）
第３条　何人も、この法律の定めるところにより、行政機関の長（略）に対し、当該行政機関の保有する行政文書の開示を請求（　ア　）。

（行政文書の開示義務）
第５条　行政機関の長は、開示請求があったときは、開示請求に係る行政文書に次の各号に掲げる情報（略）のいずれかが記録されている場合を除き、開示請求者に対し、当該行政文書を開示（　イ　）。
一～六　略

（施行の状況の公表）
第23条　略
２　総務大臣は、毎年度、前項の報告を取りまとめ、その概要を公表（　ウ　）。

（選択肢）
A：してもよい　　　　B：しなければならない
C：することができる　D：するものとする

解答　ア（　　）・イ（　　）・ウ（　　）

解 答

ア：C　イ：B　ウ：D

　(解説)　3条は「開示請求権」というのですから、文末は「することができる」です。

　5条も見出しが「開示義務」ですから、「しなければならない」が入ります。申請を受けての行政の対応を義務付けたものです。

　23条は行政機関に少し重々しく義務付けをしているので「するものとする」がいいでしょう。

No.4 合理的な文章の原則①
「パンデクテン方式」を知っておこう

> 繰り返しを避ける「パンデクテン方式」によって、法律の規定はスッキリとした論理的な文章になっている。

法令は「パンデクテン方式」で書かれている

次の文章は「私が憧れる人」という題の作文です。どちらが読みやすいか比べてみてください。

A	私が憧れるのは、男性なら、やさしい眼差しの人や大きな心の持ち主です。女性なら、キラリと光る個性や大きな心の持ち主に心ひかれます。
B	私が憧れるのは大きな心を持っている人です。さらに、それが男性ならやさしい眼差しの人に、それが女性ならキラリと光る個性の持ち主に心ひかれます。

「Bの方が読みやすくわかりやすい！」という人が多いのではないでしょうか。Bの文章が読みやすいと感じたのは、共通する部分を先にくくり出しているからなのです。この文章では「大きな心を持っている」という部分は男女を問わず憧れる人の要素として挙げられています。そして、「それが男性なら……」、「それが女性なら……」と続きます。

このように共通する要素を先に出すと、論理性を高め、しかも記述量を減らすことができます。実は、日本の法令はこうした方法を

条文に取り入れています。共通することをまず先に書いてしまって、条文を始める。この方式のことを「**パンデクテン方式**」といいます。

繰り返しを避けて規定をスッキリさせる

たとえば、民法の第1編は「総則」です。民法というのは、人や会社（これを「私人」といいます）どうしの関係を定めたルールです。そして、その総則では民法全体に共通する考え方が定められています。

法律の条文を物語にたとえると、総則はこれから物語を読む人に読んでほしいページのようなものです。そして、総則以外の部分が具体的なストーリーに当たるイメージです。

総則では、全体の簡単なあらすじや登場人物などが紹介されています。民法なら、主役となる「人や法人とはどんなものなのか？」ということや、「取引などの対象となる『物』とはどんなものなのか？」といったことです。

さらに、法律全体を通じての決めごとみたいなものもこの総則に書かれます。「子どもがした取引は有効なのか？」「精神的な障がいにより判断力が落ちているときの取引はどうなのか？」など、民法の規定を当てはめるうえでの大前提もこの総則に書かれているのです。

もちろん、総則に書かれていることがらをそれぞれ必要となる規定のあとに書き加えることはできます。たとえば、売買契約に関する規定のあとに、「売買契約ができる人や法人とは誰か？」とか、「子どもや判断力が落ちている人が売買契約をしたらどうなるか？」などに関する規定を加える方法もあります。人によっては、総則と併せ読むより、そうしたやり方が親切だと感じる人もいるかもしれません。ただ、そのような形式にすると、民法の条文数はいまの数倍にもなります。しかも、同じことが何度も出てくる規定はだんだ

んと「うっとうしく」感じるに違いありません。

　テレビの旅番組では、入浴シーンのたびに「撮影のために特別にタオルを使用しています」というテロップが流れます。ああした「うっとうしさ」をなくすのがパンデクテン方式なのです。

　人は同じことを何度もいわれると、「もうわかっているよ！」といいたい気分になります。「合理性を求める」人こそ、こうした無駄が気になるのです。人前で話をするときも、文章を書くときも、この「無駄退治」が大切です。

「条文書きの極意は、何も足さない、何も引かないこと」。法制局時代に、ある先輩はそういうとにっこりと笑いました。

「何も足さない、何も引かない？」。その言葉は、当時、テレビでよく流れていたあるモルトウイスキーの宣伝文句でした。ポカンとしている私にさらにその先輩は続けました。「書かなければならないことは必ず書く。しかし、書く必要のないことまで書いてはいけない。読み手はその余分なことに意味を見つけ出そうとするから。つまり、何も足さない、何も引かない、なんだ」

　規定をスッキリさせるパンデクテン方式の書き方はまさにそれに沿った合理的な書き方なのです。

◎ポイント 「パンデクテン方式」が理解できれば規定も頭もスッキリです。

合理的な文章の原則②
「準用の掟」について知っておこう

> 「準用」とは、似た対象へ規定を当てはめることをいう。繰り返しを避けるためによく使われる表現なので知っておこう。

「準用」は似た対象に当てはめること

　前項で「条文書きの極意は、何も足さない、何も引かないこと」とお話ししましたが、ほかにも、「何も足さない、何も引かない」の考え方に基づくものに、**適用する**」「**準用する**」という表現があります。

「適用する」というのは、条文を本来の対象に当てはめることをいいます。一方、「準用する」というのは、本来の対象ではないけれども、似ている対象に条文を当てはめることをいいます。

「準用する」という表現は、よく法令で使われますが、繰り返しを避けるという意味で、とてもすぐれものです。民法でもたくさん使われていますので、そのうちのひとつを見てみましょう。

●民法

　　（悪意の占有者による果実の返還等）
　第190条　悪意の占有者は、果実を返還し、かつ、既に消費し、過失によって損傷し、又は収取を怠った果実の代価を償還する義務を負う。
　2　前項の規定は、暴行若しくは強迫又は隠匿によって占有をしている者について**準用する**。

もし、「準用」を使わないと民法190条2項は次のような条文になってしまうのですから、その効果は絶大です。

> 2　暴行若しくは強迫又は隠匿によって占有をしている者は、果実を返還し、かつ、既に消費し、過失によって損傷し、又は収取を怠った果実の代価を償還する義務を負う。

ただ、準用は「似た対象」への当てはめですから、少し説明が必要なときが生じます。たとえば、次のような事例を考えてみてください。

「ぐるぐるピザ」の食べ放題ルール

駅前の「ぐるぐるピザ」は、1000円でのピザ食べ放題の人気店です。店には以下のような貼り紙がされています。

> ピザ食べ放題
> 1　食べ放題の制限時間は90分です。
> 2　お皿にとったピザを食べ残したグループには、全部の注文につき、食べ放題ではなく個別に注文したものとして精算させていただきます。

2のルールがあるので、この店のお客さんは食べ残しをしません。その分、値段も抑えられているというわけです。

さて、ある日、次のような新たな貼り紙が加わりました。これを見たS君と会社の同僚たちはさっそく、ピザ食べ放題と一緒にビールの飲み放題も注文しました。

> 800円で瓶ビール飲み放題始めました！
> ピザ食べ放題のルール1と2は、ビール飲み放題にも準用しま

> す。

　食べ終わって大満足のS君たちをその後「悲劇」が襲います。ひとり1800円ずつ置いて立ち去ろうとS君たちをマスターが呼びとめました。飲み物を残したので、ひとり当たり2300円になるというのです。
　確かに、テーブルにはコップに注がれたビールがいくらか残っています。慌てて、コップのビールを飲み干そうとしたS君でしたが、すでに時計の針は90分を経過しています。「コップに残ったビールも飲み残しになるのか……」なんともやりきれなさをかみしめながら帰路につくS君たちなのでした。

「読替規定」でわかりにくさを補う

　この場合、悲劇の原因は「ビールの飲み残し」をどう判断するかの基準が示されていなかったことです。普通、準用に当たってわかりにくい部分には「**読替規定**」というものが置かれます。たとえば、こんな風にです。

> ピザ食べ放題のルール1と2は、ビール飲み放題にも準用します。この場合において、ルール2中「お皿にとったピザを食べ残した」は「コップ又は瓶にビールを飲み残した」と読み替えるものとする。

また、準用に当たって、少し内容を変更したい場合にも「読替規定」は使われるときがあります。

● 民法

> （婚姻の取消し等の規定の準用）
> 第808条　第747条及び第748条の規定は、縁組について準用する。この場合において、第747条第2項中「3箇月」とあるのは、「6箇月」と読み替えるものとする。

「読替規定を読むなんて面倒くさい」。ときにはそんな声が聞こえます。しかし、読替規定は読み慣れるとたいへん便利です。「もともとの規定との違いは読替規定の部分だけ」ということを理解できれば、条文を読むスピードも速くなります。準用規定もまた、条文の数を減らして、条文の合理的な読み方を実現する方法のひとつなのです。

◎ポイント 「準用」は法律の理解をスピードアップさせる条文上のテクニックです。

切り離しの技法①
提案の背景や理由は別に説明される

なぜ法案を提案する「理由」は本体とは切り離されているのか。その技法を学ぼう。

ナレーションに学ぶ「切り離し」の手法

「佐和子さん、さっき電話をしていたと思ったら、もう出かけてしまったのね」。これは、ある舞台での女優さんのセリフです。このように演劇では、劇中の人が置かれている状況をセリフで説明するようなことがあります。ただ、できることなら、ナレーターに語らせた方がスマートです。

懐かしのアニメ、タイムボカンシリーズでは、「説明しよう」とか「説明せねばなるまい」のフレーズでナレーターが主人公や登場メカが置かれている状況を説明してくれたものです。

本論とは切り離して背景を説明する。法令から学ぶ最後のテクニックは、この説明の「切り離し」です。

提案の理由は切り離されている

新たな制度や措置を受け入れてもらうためには、それが必要となった背景や理由を上手に説明することが大切です。「どんな問題があるのか？」を振り出しに「その問題を解決するにはどうすればいいのか？」と話を進めていくのがいいでしょう。

法律の場合には、何らかの問題解決のために定められるものですから、法律案の条文に盛られた内容は問題の解決策となります。で

すから、背景などを語る部分は本体とは切り離されて「**理由**」に書かれています。この「理由」は法律案の最後のページにあります。

　国会の法案審議は「提案趣旨説明」を聞くことからスタートします。法案の内容を審議する前に、「どうしてこの法案が必要となったのか」、「どのような内容の法案なのか」を提案者が説明することから始まるのです。その内容のダイジェストのようなものが「理由」だと思えばいいでしょう。

　「理由」を法案の内容と切り離したのは審議をスムーズにするための知恵でもあります。極端な場合、「法案の内容には賛成だけれども、理由には反対！」ということもあるかもしれません。

　たとえば、ガソリン税の税率を引き上げる法案が提出され、その理由に「さらなる道路の整備や補修に充てるため」という表現があったとします。この場合、CO_2排出削減の観点からガソリン税の引き上げによってその消費量を抑えたいと考えて法案に賛成しようとする人にとって、「どう対応しようか？」ととまどうことでしょう。

　法案の内容として、「道路整備のために使う」と書きこまれていたらとても賛成できません、ただ、それが「理由」であれば、審議のなかで、CO_2排出削減の観点から法律が必要であることを述べて、賛成に回ることもできるかもしれません。こうした場合を考えると、「理由」を別書きにしておいた方が好都合なのです。

「理由」が少し物足りないと感じる理由は？

　法案の「理由」は少し物足りないという声も聞きます。しかし、法案を成立させたい者の側から見れば物足りないぐらいがちょうどいいのです。国会関係者や官僚たちはよく「理屈はあとから貨車でやってくる」という言葉を使います。「やりたいことさえ決まれば理由はなんとでもつけられる」という意味です。

　彼らはたくさんのデータを持っています。しかし、そのデータを

すべて示してしまっては逆効果です。「そんなデータがあるなら、××という方法がいいじゃないの？」といわれて審議が立ち往生してしまいます。

　たとえば、平成22（2010）年に「公立高等学校に係る授業料の不徴収及び高等学校等就学支援金の支給に関する法律」という法律が成立し、いわゆる高校授業料の無償化（私立高校の場合には就学支援金が給付されています）が実現しました。

　この法案の理由には「高等学校等における教育に係る経済的負担の軽減を図り、もって教育の機会均等に寄与するため」とあります。しかし、理由には、この制度に所得制限（一定の所得がある者に給付をしなかったり、給付額を減らすしくみのこと）がないことについて何も書かれていません。法案には所得制限に関する規定が置かれていなかったからです。

　もし、この法律の目的が「貧困の連鎖を断ち切る」ということであれば、所得の高い人への補助を所得の低い人への手厚い補助に回すということも考えられます。その場合には、授業料以外に高校生活にはどのくらいのお金がかかるのか、経済的な理由で退学せざるを得ない者の割合はどの程度いるのかなど、検討する必要があるでしょう。ところが、もともとの法案の提出時は、そうした視点をみじんも見せない「理由」となっています。

　実は、平成25（2013）年になって内容を一部改正したうえで所得制限を導入しました。この際の「理由」には「教育に係る経済的負担の軽減を適正に行うため」とあります。「適正に」の部分に所得制限を導入する理由が込められています。限られた財源のなかでの効果的な配分を考えたということなのでしょう。政府は、おそらく、もともとの法案提出時より、いろいろなバージョンでの所得制限の議論をし、かなりのデータを持っていたはずです。しかし、そうした問題点やデータはこれまで政府側から進んで示されることはありませんでした。所得制限が導入される法案が提案されて初め

図表5 高校授業料の無償化の「理由」

法律制定時の 「理由」 （平成22年制定時）	高等学校等における教育に係る経済的負担の軽減を図り、もって教育の機会均等に寄与するため、公立高等学校について授業料を徴収しないこととするとともに、公立高等学校以外の高等学校等の生徒等がその授業料に充てるために高等学校等就学支援金の支給を受けることができることとする必要がある。これが、この法律案を提出する理由である
所得制限導入時の 「理由」 （平成25年改正時）	高等学校等における教育に係る経済的負担の軽減を適正に行うため、高等学校等就学支援金の支給について、保護者等の収入の状況を勘案することとする等の措置を講ずる必要がある。これが、この法律案を提出する理由である

て、国会などでその一部が示されるわけです。

国会審議にマイナス情報はいらない!?

　このように、法案の「理由」には、やろうとすることを説明するのに最もふさわしいものが選ばれています。しかも、最低限の理由にとどめられています。このことは、一部の人や会社だけに都合のいい法案が提出される可能性もあることを示しています。しかも、マイナス情報が示されないままにです。

　法案の提出者は、多くの場合、政府です。もちろん国民の支持あっての政府ですから、国民を奴隷にしようとか、知らない間に税金を倍にするしくみにしてしまおう、などという決定的にひどいことはしないことでしょう。しかし、自らの政策を実現するために、みんなが賛成できそうな理由を前面に掲げるのも、マイナス情報など伝えたくないと思うのも、ある意味当然のことなのです。

そう考えると、やはり国会の役割は重要ということになります。国民の気がつかないマイナス情報を国民に明らかにしたうえで、よりよい法律にして成立させてもらいたいものです。また、国会の審議のレベルが上がれば上がるほど、あらかじめ政府はマイナス情報を提供しなければならないと考えるようになるはずです。その意味からも国会の審議力は重要なのです。

一部改正法は後ろから読め！

「一部改正法は後ろから読め！」と法制局ではよくいわれたものでした。日本では法令の改正は「改文方式（あらためぶんほうしき）」をとっています。「第○条中『××』を『△△』に改める」というような条文がたいがいの場合、延々と続きます。これでは改正文を読んだだけでは内容がわかりません。それは法制局の職員も同じです。そこで「理由」を先に読むのです。実際の法律で試してみましょう。

次は「ホームレスの自立の支援等に関する特別措置法の一部を改正する法律」（平成24年法律第46号）の全文です。さて、どんな改正でしょうか？

●ホームレスの自立の支援等に関する特別措置法の一部を改正する法律案

> ホームレスの自立の支援等に関する特別措置法（平成十四年法律第百五号）の一部を次のように改正する。
> 附則第二条中「十年」を「十五年」に改める。
> 　　　附　則
> この法律は、公布の日から施行する。

その「答え」は「理由」にあります。法案につけられた「理由」は次のようなものです。

> 　理　由
> 　ホームレスの自立の支援等に関する施策を引き続き計画的かつ着実に推進するため、ホームレスの自立の支援等に関する特別措置法の有効期限を五年延長する必要がある。これが、この法律案を提出する理由である。

　法律の有効期限を「10年間」から「15年間」に「5年」延長する内容であったことがわかります。また、現状では、ホームレスの自立支援などをとても打ち切る状況ではないこともおぼろげながら見えてきます。
　この「理由」は、法案が成立したとき（法律となったとき）に「切り離されて」失われてしまいます。法案には「理由」があっても、法律には「理由」というものはありません。理由は法案が成立するまでの「推進力」のようなものですから、法律として一人歩きできるようになればもう必要ないのです。「オタマジャクシのしっぽ」は足が生えたカエルには必要ないのと同じです。
　少し話が脱線してしまいますが、法律を調べるための裏ワザをひとつお教えしましょう。すでに成立してしまった法律の内容を手早く調べたいときにはどうすればいいのでしょうか？　カエルにはしっぽがないように、法律には「理由」はありません。
　その場合には、オタマジャクシ時代をのぞいてみればいいのです。国会（衆議院、参議院どちらでも可）のウェブサイトには過去に提出された法律案が保存掲載されています。そして、その法律案の最後のページにはちゃんと「理由」がつけられています（ただし、国会で修正されていないかどうかの確認は必要です）。

「前文」についても知っておこう

　法律によっては、法律を制定したときの考え方を法律の内容として残し、これからも法律を見守ってもらおうとする場合がありま

す。こうした場合に使われるのが「**前文**」です。条文の前に置かれる文章なので「前文」と呼ばれますが、れっきとした法律の一部です。そこが「理由」とは違います。

「鷹狩りの帰路に立ち寄られたお殿様に当家のきなこ餅を出したところ、たいそうお気に召され、『ひなには稀なる餅じゃ』とのお言葉を賜ったことから、『ひなまれ餅』と名付け、爾来、みなさまのご愛顧を賜っております。弊社自慢のきなこの風味と餅のやわらかさをお楽しみください」

　ごく普通の「きなこ餅」でも、もし、こんな由来書きがあると、味わい深いものとなるはずです。同じように、前文があると、法律や条文をより深く理解し、味わうことができるようになります。前文のそうした性格から、たとえば、次に挙げる食育基本法のように、一定の方向性や理念を表す法律や条例にフィットします。

●食育基本法

> （前文）
> 　21世紀における我が国の発展のためには、子どもたちが健全な心と身体を培い、未来や国際社会に向かって羽ばたくことができるようにするとともに、すべての国民が心身の健康を確保し、生涯にわたって生き生きと暮らすことができるようにすることが大切である。
> 　子どもたちが豊かな人間性をはぐくみ、生きる力を身に付けていくためには、何よりも「食」が重要である。（中略）
> 　ここに、食育について、基本理念を明らかにしてその方向性を示し、国、地方公共団体及び国民の食育の推進に関する取組を総合的かつ計画的に推進するため、この法律を制定する。

　少々長いので全部を掲載できませんでしたが、この前文では、まず、子どもたちに対する食育の重要性を述べ、その一方で、日本の

食文化が失われていくことの危機感を訴えています。そのうえで、食育が果たすご利益が挙げられています。食生活を健全なものにすることはもちろん、都市と農山漁村の共生・対流を進め、消費者と生産者との信頼関係を構築し、地域社会の活性化や食文化の継承や発展につながり、食料自給率の向上にも役立つというのです。

　そこまでいうならこの法律を読んでみようかなと思わせるものがあります。

「どれどれ、前文のいうようなこと実現できるのかなぁ……」と読み始めたら、もう、読み手は法律の世界に引き込まれているのです。

◎ポイント　「理由」は法案提出者側の提案理由です。それが法案本体と切り離されている大きな理由です。

切り離しの技法②
附則を切り離す理由を知っておこう

> 附則には新しい制度が定着すればいらなくなる規定が置かれる。この切り分けも条文の論理性を高める知恵といえる。

上杉トメさん（92歳）の憂鬱

　上杉トメ（92歳）さんは、心配でなりませんでした。行きつけのドラッグストアーが来月、リニューアルするからです。お店がきれいになるのはいいとしても、ポイントカードが新しくなることが心配です。なんでも、いままでのスタンプ式のカードに代えて、新たに磁気カードが導入されるというのですから。
「いままで貯めたポイントは使えるのだろうか？」スタンプ済みのポイントカードの束を目の前にして、深いため息をつくトメさんなのでした。
　トメさんの心配はわかりますが、たぶん大丈夫です。しばらくは古いポイントを使うことができるでしょう。新しいポイントカードを導入するに当たって、一番大切なのは古いポイントカードからのスムーズな乗り換えです。古いポイントカードを持っているお客様はいうなればこれまでお店を支えてくれたお客様。そのお客様を裏切るようなことをしてはこれからの商売は成り立ちません。
　ですから、古いポイントもしばらくは使えるようにしてくれるに違いありません。さらに、新しいポイントカードへ乗り換えた場合にはボーナスポイントをつけてくれるなどの特典があるかもしれませんよ。

経過措置は附則に置かれる

　このように古い制度から新しい制度へスムーズに乗り換えるための措置を「**経過措置**」といいます。法律で経過措置は「**附則**」という場所に置かれます。附則というのは法律の一部分ですが、本則のあとに置かれる規定のことをいいます。附則は、「附則」という文字が置かれたあとに書かれているので本則と間違うことはないでしょう（ちなみに「理由」は附則のそのまたあとに置かれます）。

　ひとつ、法律の附則の例を挙げておきましょう。附則1条はいつからこの法律（改正法）が動き出すか（施行されるか）を定めた規定です。これを「**施行期日**」を定めた規定といいます。

●自転車競技法及び小型自動車競走法の一部を改正する法律（平成24年法律第11号）

　　　　　附　　則
　（施行期日）
　第1条　この法律は、平成24年4月1日から施行する。ただし、（以下、略）。

　（自転車競技法の一部改正に伴う経過措置）
　第2条　この法律の施行の日前に開催された競輪及び一回の開催が同日の前後にまたがっている競輪に係る交付金の金額については、なお従前の例による。
　第3条〜第10条　略

附則の切り分けは論理性を高める知恵

　本則と附則とを分けた理由は「時の次元の違うものを切り離した」ということなのです。本則はこれからもずっと必要となる規定が置かれますが、附則は新法の施行や法改正に当たってだけ必要と

なる規定が置かれるのです。つまり、新しい制度が定着すればいらない規定というわけなのです。こうした切り分けも条文の論理性を高める知恵なのです。

　話を新ポイントカードへの乗り換えに戻します。もしも、ポイントカードに関する決めごとが法律で書かれるとしたら、新カードでのポイントの貯め方や商品などとの交換の方法は本則事項です。

　一方、トメさんが心配している古いポイントがいつまで使えるのかというようなことは附則事項として規定されます。新カードへ乗り換えた人へのボーナスポイントについても、もちろん附則事項となるでしょう。

◎ポイント　本則はこれからも必要な規定。附則は新制度導入に向けて必要となる一時的な規定と覚えましょう。

練習問題

21××年、「タコ」ではなく「ちくわ」の入ったタコ焼き（偽装タコ焼き）が全国各地で発見されるなか、問題への対応を協議していた政府は、タコ焼きを売る店を免許制にする法案を次期国会に提出することを決めました（フィクションです）。

この法案に盛られる予定の次の事項のうち、法案の本則に規定されることがらを2つ選んで解答欄にその記号を記してください。

選択肢
ア　現在、タコ焼きを販売しているお店は「タコ焼き講習」を受けることで5年間はタコ焼きを販売することができる。
イ　タコ焼き販売の免許は都道府県知事が与える。
ウ　タコ焼き販売の免許の有効期間は5年間である。
エ　タコ焼きの免許制度を導入する新法は××30年4月1日より施行する。

解答　（　　　）・（　　　）

解　答

イ・ウ

（**解説**）法律の本則にはこれからもずっと必要となる規定が、附則には新制度がスムーズに定着するために必要となる一時的な規定が置かれます。したがって答えは、イとウとなります。

アは現在、タコ焼きを販売している者の営業の利益に配慮した経過措置です。5年の間にタコ焼き免許を取得することが期待されています。それまでのつなぎの制度がアの制度ということになりま

す。ですからこれは附則事項です。
　エは施行期日の規定です。一度施行されてしまえば（新しい制度が動き始めたら）必要なくなる規定です。施行期日の規定は附則の第1条に置かれます。

PART 2
条文から学ぶ「公平性」と「論理性」

第4章

法律が示す「公平の感覚」を読み解こう

No.1 公平を探しつつ条文を読む目的とは?

> 法律が実現しようとする公平や正義に触れながら条文を読もう。
> それがリーガルマインドを身につけるための王道である。

正義や公平の広がりに触れよう

　テレビで大相撲を見ていると、勝ってインタビューを受けている力士が「自然と体が動きました」などということがあります。こうした発言を聞くと「すごく稽古を重ねてきたんだなぁ」と頭が下がります。

　というのも、状況に応じて自然と体が動くようになるには、「しこ・てっぽう」という基本動作の稽古はもちろん、上位の力士に何度も挑んで、土俵の土にまみれて力をつけていくしか方法がないからです。

　前著『法律を読む技術』(26・27頁)で、私は次のようなことをお伝えしました。

　「リーガルマインドは、たくさんの法律や条文を通じて身についた正義と公平のストライクゾーンの感覚です。(中略)それぞれの法律が実現しようとしている価値は違いますが、どの価値も社会の正義や公平を図ろうとするものには変わりがありません。

　そのため、多くの法律や条文について、法律が実現しようとする価値を学ぶことで、共通する正義や公平の感覚を学ぶことができますし、正義や公平の広がりに触れることができます。結果として、リーガルマインドが養成されるというわけです」

リーガルマインドを手にするための王道

　相撲で「自然に体が動く」ための「しこ・てっぽう」などの稽古は、土俵の上で必要となる動作を覚え込ませる意味があります。法律学習でいえば、この「しこ・てっぽう」などに当たるのが「公平を探しつつ条文を読む」ことです。

　法令用語やそれぞれの法律のポジションみたいなものが理解できたら、次に繰り返し行いたいのがこの作業です。法律を正しく読み解き、リーガルマインドを手にするための王道がそこにあります。この章では、前著で十分にお話しできなかった「公平を探しつつ条文を読む」方法を、いくつか紹介していこうと思います。

　◎ポイント　公平を探しつつ条文を読めば、リーガルマインドに近づくことができます。

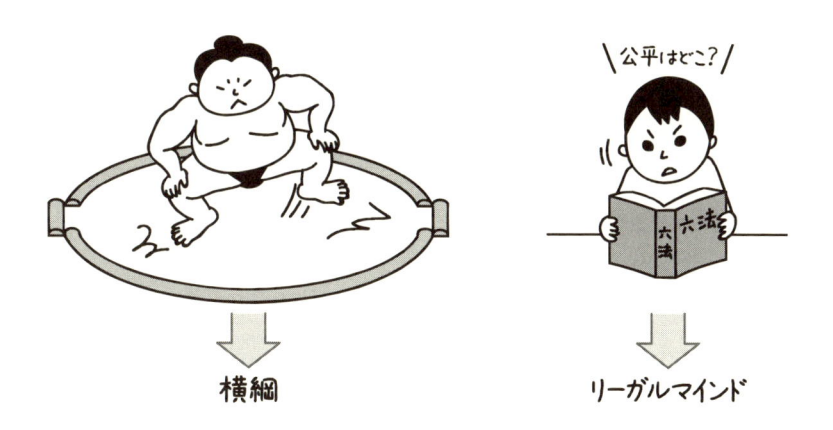

No.2 法律が実現しようとする価値を探そう

> 条文の意味を理解するためには、その法律が実現しようとする価値を知っておかなければならない。

「価値」に照らして条文の意味考える

　読者のみなさんには、「そんなこと当然だ」といわれてしまうかもしれませんが、法律の条文は、そのまま読んでも、その条文の内容を理解したことにはなりません。もし、その法律の内容を理解しようと思うなら、その法律が実現しようとする価値に照らして条文の意味を考えなければなりません。もう少し具体的に説明しましょう。

　ある条文の意味を知りたいと思ったら、まず、法令用語の意味などに注意して「言葉としての」条文の意味を押さえます（これは第5章でお話ししましょう）。しかし、それだけでは不十分です。その条文に、法律が実現しようとする価値で味付けしてあげなくてはなりません。この味付け作業を「解釈」といっています。

> 条文の文言＋法律が実現しようとする価値 ⇒ 条文の解釈

　街角でいかにも「よろしくない」少年たちが寄ってきて「困っちゃっててさ、少し寄付してくれないか」と声をかけてきました。言葉だけをとれば、「困っています。少し寄付をお願いします」という開発途上国にワクチンを送る運動をしている団体のお願いに似て

いますが、同じ意味にとる人はまずいないはずです。よろしくない少年たちの風貌や「困っちゃっててさ……」の独特の抑揚から「お金を無心する気だな……」と理解するはずです。

　ただ、条文の場合には、風貌や言葉の抑揚なんてものがありません。文字が並んでいるだけです。その条文の文字を辞書的に明らかにしたとしても条文を理解したことにはならないでしょう。

　しかし、淡々と並ぶ条文であっても、文字の使い方、条文の並び方や規定のしかたなどで本当はたくさんのシグナルを送っているものです。こうしたシグナルを拾ったうえで、「その条文は法律のなかでどんな意味があるのか？」ということが意識できたとき、まさしく「条文に込められた意味」を読み取ることができるのです。

　そのために、どうしても、その法律が実現しようとする価値を知る必要があります。実現しようとする価値を知れば、条文が放つシグナルに、より敏感になるからです。

手がかりになるのは「目的規定」

　すでに説明したように、法律にはすべて、それぞれに実現しようとする価値があります。では、その法律が実現しようする価値をどこで見抜くことができるか。それが問題です。このとき手がかりになるのが「**目的規定**」です。目的規定は、「手段＋目的（究極の目的を含む）」という形で規定されるものであることはすでにお伝えしました。このうちの「目的」の部分がヒントになります。たとえば、行政手続法1条では「行政運営における公正の確保と透明性」が挙げられています。

　ここで、実現しようとする価値に照らして条文の意味を読むという作業、ひとつやってみましょう。たとえば、行政手続法8条には次のような規定があり、行政が申請された許認可等を拒否するときには、理由を示さなければならないとされています。

●行政手続法

(目的等)
第1条　この法律は、処分、行政指導及び届出に関する手続並びに命令等を定める手続に関し、共通する事項を定めることによって、行政運営における公正の確保と透明性（略）の向上を図り、もって国民の権利利益の保護に資することを目的とする。
2　略

(理由の提示)
第8条　行政庁は、申請により求められた許認可等を拒否する処分をする場合は、申請者に対し、同時に、当該処分の理由を示さなければならない。（以下、略）。
2　略

　行政庁の職員が許可申請を拒否するときに「許可要件に当たりません」とだけ理由を示した場合はどうでしょう。確かに、8条1項にしたがい、一応、理由を示してはいます。ただ、「理由を示さなければならない」と規定した「心」（趣旨）を考える必要があります。

　行政手続法1条の目的規定には「行政運営における公正の確保と透明性」とあります。「許可要件に当たりません」とだけ理由を示した場合には、とても、8条1項でいうところの不許可処分の理由を示したことにはならないと理解できるはずです。

　だいたい、「許可要件に当たりません」というだけでは、「不許可を見直してくださいと行政に求める場合（不服申立て）」にも、「不許可を取り消してくださいと裁判所に求める場合（取消訴訟）」にも役に立ちません。反論しようにも反論する材料が示されていないからです。それは行政手続法が究極の目的として掲げる「国民の権

利利益の保護」に反するといえるでしょう。

法令の種類やポジションをヒントにしよう

　法律によっては目的規定がないものもあります。その場合には、第7章で説明する法令の種類やポジションをヒントに、その法律の実現しようとする価値を探してゆくことになります。たとえば、民法は古い法律でもあり目的規定はありません。しかし、対等な私人間のルールを定めた私法に属する法律であること、そして、取引をスムーズに行えるようにするものであることを頭に置けば、具体的な規定への理解が深まります。

　民法では、お互いに利息を払うことを前提にお金の貸し借りなどをした場合の利率を一応、年5％と定めています（「一応」の意味は、当事者の意思が別にある場合にはそれにしたがうという意味です）。

　その趣旨としては、お金の貸し借りの基本的なルールを作ってあげてスムーズな取引ができるようにしているのです。ですから、年5％というのは世の中の平均的な利回りというものを頭に置いて定められています。スムーズな取引を実現するという価値があるのですから、貸し手に儲けさせようとか、借り手を懲らしめようという趣旨はこれっぽっちもありません。

　民法の債権部分の改正法案では、この規定を見直して年3％としています。というのは、年5％という利率は、現在の低金利時代では「高率すぎる」というのです。法定利率に関するこんな小さな規定についてさえ、法律が実現しようとする価値を頭に置いた理解ができるのです。

　◎ポイント　目的規定などはその法律が実現しようとする価値の手がかりになります。

No. 3 対立する価値や利益を意識する① 行政不服審査法

法律を制定することの大きな役割はいくつかの価値の調整にある。その調整の妙味を意識して、行政不服審査法を読んでみよう。

実現しようとする価値はひとつとは限らない

「おいしく食べて、みるみるダイエット」。なんと魅力的フレーズなのでしょう。魅力的に聞こえるのは、もちろん、相反することが同時に実現できているからです。「おいしく食事がしたい！」でも「やせてきれいに（カッコよく）なりたい！」。人は誰でも欲張りです。この2つの要求がどちらも満たされるなら、文句のつけようがありません。

実は法律が実現しようとする価値はひとつではありません。ひとつではないという表現は正確ではないかもしれません。一枚板ではないといった方がいいでしょうか。いくつかの価値が合わさっている場合があるのです。

たとえば、行政手続法であれば、国民に対して行政を透明なものにするということがあります。その一方で、行政を公正なものにするという価値があります。ただ、この2つの価値は同じ方向を向いているので比較的しっくりと合わさっています。納豆に、しょうゆやしょうゆベースのたれを入れるようなものです。何の違和感もないだけでなく、いい感じでハーモニーを奏でてくれるといってもいいかもしれません。

ただ、法律によっては、異なる方向に向いている価値や相反する

価値を合わせてその法律の価値としている場合があります。食べ物でも、意外な組み合わせでおいしいものを作るということがあるのと同じです。そうした場合、調整の具合にひと工夫が必要となります。そのまま混ぜてはおいしくないけれども、どちらかの量を抑えて味のアクセントとして使えばおいしくなる、というようにです。納豆に少しだけマヨネーズを加えたらおいしいのですが、これなどは調整の妙味といえます。

あまり意識されていませんが、法律を制定することの大きな役割は、いくつかの価値の調整にあります。相反するような利益や対立する価値をうまく調整できたとき、より国民に受け入れやすいものとなります。逆に、うまく調整できていないときには混乱が生じます。こうしたときは、改正を行い調整の配分を微妙に変えて落ち着きどころを探します。

行政不服審査法での2つの価値

ひとつ例を挙げましょう。行政不服審査法です。行政不服審査法に定める「不服申立て」は、行政庁が行った処分（たとえば、不許可処分など）に対して不満があるときに、もう一度、その見直しを求めることです。

● 行政不服審査法

> （目的等）
> 第1条　この法律は、行政庁の違法又は不当な処分その他公権力の行使に当たる行為に関し、国民が簡易迅速かつ公正な手続の下で広く行政庁に対する不服申立てをすることができるための制度を定めることにより、国民の権利利益の救済を図るとともに、行政の適正な運営を確保することを目的とする。
> 2　略

　法律が実現しようとする価値として、「国民の権利利益の救済」と「行政の適正な運営を確保すること」の2つが挙げられています。「権利利益の救済」と「行政の適正な運営の確保」は、必ずしも異なる方向のベクトルではありませんが、全く同じ方向でもありません。「権利利益の救済」に重きをおけば、権利が侵された場合、つまり、「違法な処分」だけを洗い出し、それについては徹底的に救済するというスタンスとなるでしょう。しかし、「行政の適正な運営の確保」という価値もあります。その価値からは、違法な処分ばかりでなく「行政の不適正な運営」につながる処分（不当な処分）も拾い挙げるということになります。これを「簡易迅速かつ公正な手続の下で」行うことが求められているのです。ここでも「簡易迅速」という価値と「公正」という異なるベクトルの価値の調整が求められています。簡単にいえば「手早く権利を救済し、行政を正しいものにする」ということになるでしょう。「手早く、簡単、おいしいクッキング」。そんなフレーズを耳にしますが、やはり、手間暇かけた料理がおいしいに違いありません。そもそも、「簡易迅速な手続」で「権利利益の救済」などできるのか疑問が生じます。

図表5 不服申立てと取消訴訟の比較

	不服申立て (行政不服審査法)	取消訴訟 (行政事件訴訟法)
審理方法	書面審理	口頭審理
審理スピード	速い	遅い
費用	無料	訴訟費用(有料:訴え提起の手数料など)＋弁護士費用
対象	違法・不当な処分	違法な処分

「そこそこの手抜き」で2つの価値を実現する

　これら複数の価値を実現する秘訣は「そこそこの手抜き」にあります。そのことは、じっくりと国民の権利利益を守る裁判(取消訴訟)と比べるとよくわかります。

　一番の「手抜き」はその審理方法にあります。取消訴訟では、裁判官の面前で当事者が主張を展開し、裁判官はその主張に耳を傾け、その表情も見ながら何が真実かさぐってゆきます。こうした審理のやり方を「**口頭審理**」といいます。

　これに対して不服申立ては、当事者に書類を提出させてそれを読んで判断する「**書面審理**」を採用しています。書面審理を採用して、審理のスピードアップを図ろうとしているのです。とはいえ、書面ではいいたいことが伝えられない面もあるでしょう。行政不服審査法31条1項では、申立てがあれば口頭で意見をいう機会を与えなければならないと定めています。手抜きのデメリットを少しでもカバーしようとしているのです。

　ただ、行政不服審査法が「手抜き」ばかりを定めた法律かといえ

ばそうでもありません。取消訴訟との比較の表にあるように、まず「費用」がかからないというよい点があります。費用がかからなければ、より多くの人が救済を求めることができます。その分、救済される人も増えますし、行政も適正なものとなります。

さらに、前ページで解説したように、行政不服審査法では「不当な処分」まで対象を広げています。不当というのは、法律違反とまではいえないけれど妥当ではないことをいいます。やはり、対象が広がった分、多くの国民が救済を求めることができます。

行政不服審査法はこれまで「簡易迅速な手続」で「権利利益の救済」を実現しようとしてきましたが、「権利利益の救済」という面からの不満が多くなってきました。そこで、「簡易迅速」を少し犠牲にしても「公正さ」を保障するしくみを整えた全部改正が行われ、平成28（2016）年に施行されました。処分にかかわっていない職員が審理することや、不服申立ての結果について第三者的な機関に諮問することなどが新たな手続として加えられました。

◎ポイント　行政不服審査法では「国民の権利利益の救済」と「行政の適正な運営を確保すること」という価値が、「簡易迅速」と「公正さ」のバランスの下で実現されています。

No.4 対立する価値や利益を意識する② 個人情報保護法

個人情報保護法を例に、「個人情報の有用性」と「個人の権利利益の保護」という2つの価値の調整を見てみよう。

価値の調整に苦心する個人情報保護法

　次は、2つの相反する価値の調整自体に苦心している法律を紹介します。それは、個人情報保護法です（個人情報の保護に関する法律）。この法律には一見すると別な方向を向いた価値が同居しています。少し条文が長いですが、1条の最後の部分に注目です。

●個人情報保護法

> （目的）
> 第1条　この法律は、高度情報通信社会の進展に伴い個人情報の利用が著しく拡大していることに鑑み、個人情報の適正な取扱いに関し、基本理念及び政府による基本方針の作成その他の個人情報の保護に関する施策の基本となる事項を定め、国及び地方公共団体の責務等を明らかにするとともに、個人情報を取り扱う事業者の遵守すべき義務等を定めることにより、個人情報の適正かつ効果的な活用が新たな産業の創出並びに活力ある経済社会及び豊かな国民生活の実現に資するものであることその他の**個人情報の有用性に配慮しつつ、個人の権利利益を保護する**ことを目的とする。

この法律の実現しようとする価値として「個人情報の有用性」と「個人の権利利益を保護すること」の2つが挙げられています。ところが、この法律が誕生したときには、個人情報の保護ということが強調されすぎて、必要な情報さえ提供されない事態があちこちで起こってしまいました。
　「事故で家族が病院に運ばれた。それなのに、病院に問い合わせても入院の有無を知らせてもらえない」とか、「町内会が役員名簿を作るのをやめてしまった」とか、「学校のクラス名簿から電話番号が消えてしまった」などです。こうした「過剰反応」が起こったのは、たぶん、個人情報保護法が個人情報の利用を禁止している法律だと誤解されたからでしょう。
　個人情報保護法では、事業者が集めた情報であっても、本人の同意があれば利用目的を超えた使い方もできると規定されています。さらに「人の生命、身体又は財産の保護のために必要がある場合であって、本人の同意を得ることが困難であるとき」などには、提供に当たって本人の同意さえ必要ないのです。先ほどの入院の有無に関する問い合わせはこれに当たる場合も多いはずです。また、町内会や学校の父母会は、集める情報の規模から、当初は、個人情報保護法の対象となる事業者にならなかったはずです。

なぜ「過剰反応」が起こったのか

　このように、個人にとって必要な情報が提供されることなどは必ずしも禁じられていないのです。それなのに、どうして、こんな過剰反応が生まれてしまったのか？　その理由はいくつか考えられますが、題名や目的規定の書き方が少し「個人情報の保護」に比重が置かれすぎていることもあるかもしれません。

　個人情報保護法の正式な題名は「個人情報の保護に関する法律」です。そこには、「個人情報の有用性」という価値は表れていません。また、1条の目的規定も「個人の権利利益を保護することを目的とする」と締めています。「過剰反応」の原因はそんなところにもあったのでしょう。当初なかった「個人情報の有用性」の例示がその後の改正で加わっています。

　このように新しい分野の法律に関しては実現しようとする価値の調整が難しく、その結果として法改正なども多くなります。それは世の中の動きに合わせて、価値のバランスを変えようとするものであることも多いものです。また、技術の進歩から、価値の調整をすべき点が増えたということもあります。「どうして、法改正が行われたのだろう？」「どのようなことが改正されたのだろう？」などと関心を持ってみると、その問題についての世の中の動きを追うことができます。

◎ポイント　新しい分野の法律では価値の調整が難しく、その結果として法改正が多くなります。

No.5 権利や利益を制限する際の「比例原則」

> 法令の規制措置が受け入れられるためには、目的にふさわしい規制手段を選ぶ必要がある。それを「比例原則」という。

道路交通法の目的規定を見てみよう

　これまでお話しした「対立する価値」というのは、法律の目的規定などでその2つの価値（ときにはもっとたくさんあるかもしれませんが……）が明らかになっている場合です。今度は条文に現れない、いわば裏の「対立する利益の調整」の話をしましょう。

　たとえば、公道で自動車を運転するときには免許が必要です（道路交通法84条）。「何のための免許なの？」と尋ねられたら、「交通安全のため」と答えることでしょう。だいたい正解です。道路交通法の目的規定には次のように書かれています。

●道路交通法

（目的）
第1条　この法律は、道路における危険を防止し、その他交通の安全と円滑を図り、及び道路の交通に起因する障害の防止に資することを目的とする。

（運転免許）
第84条　自動車及び原動機付自転車（以下「自動車等」という。）を運転しようとする者は、公安委員会の運転免許（以下

> 「免許」という。）を受けなければならない。
> 2〜5　略

　道路交通法が実現しようとする価値は、「交通の安全と円滑」と「交通に起因する障害の防止」というのですから、スムーズで安全な交通の実現とでもいえるでしょうか。スムーズな交通が実現するためには、道路における一定のルールが必要です。免許を取得する際に、運転の技量ばかりでなく、交通法規の知識についても問われるのはそのせいです。そして、「安全」と「円滑」という、2つの価値は同じ方向を向いています。スムーズに安全に自動車が運転できるなら免許がもらえるのです。

　このように道路交通法には、対立する価値はありません。もし、道路交通法に「交通渋滞を緩和し経済を発展させる」という価値が加わったらどうでしょう。この場合、免許を与える基準が変わってくるかもしれません。「ここ2、3年、渋滞がひどいので免許を与える者を減らそうか？」ということもあるかもしれません。また、道路交通法自体に「自動車が激増したときの免許の調整規定」が設けられるかもしれません。

　ただ、ご安心ください。現在の道路交通法はそうした価値は掲げられていないので、いくら自動車の数が増えようが、渋滞が激しくなろうが、スムーズに安全に自動車が運転できると思われる者には免許が与えられます。

免許制度は「運転する自由」を奪っている!?

　しかし、免許制度があるために困ってしまった人もいるはずです。当たり前ですが、ともかく免許がないと自動車を運転することができなくなっています。また、免許を取ろうにもそのための費用は決して安くはありません。経済的に余裕がない人は、なかなか免許を取ることができないかもしれないのです。

考えようによっては、免許制度は、「交通の安全と円滑」や「交通に起因する障害の防止」と引き換えに、「誰もが自動車を運転することができる自由」を奪ってしまっているのです。

もしも「自転車運転免許」が導入されたら
　自動車免許は当たり前だと思われているので、「自動車を運転することができる自由」などといわれてもピンとこないかもしれません。では「自転車運転免許」が導入されたらどうでしょう。たぶん、全国から「え～～」という声が聞こえてくるでしょう。
　そして、その「え～～」の意味にもいろいろあるはずです。そもそも「免許制度を導入するほど危険なの？」という声もあるでしょうし、「免許を取る手続が面倒！」「免許の費用が無駄！」という声もあるでしょう。
　自動車免許制度が現在続いているのは、こうした「え～～」の声よりも勝る「交通の安全と円滑」などの価値があり、それを国民みんなが支持しているからなのです。
　このように国や自治体が、ルールによって、人々の権利を制限したり、義務を課すことがあります。もちろん、そうしたルールは法律や条例で定めなければなりませんが、法律や条例で定めたからといって、国民（住民）が受け入れてくれるものでもありません。「なるほど必要だ」と思ってもらえないと制度として定着しないのです。

規制のメリットはデメリットを上回るか
　では、どのようなときに「なるほど必要だ」と思ってもらえるでしょうか。これがなかなか難しいのですが、少なくとも、そうした義務を課すことなどのメリットがデメリットを上回るものでなければなりません。「トータルで考えればやった方がいい」、そう判断されて初めて、みんなが受け入れてくれる（我慢してくれる）ものな

のです。もし、トータルではデメリットが上回る場合には「仕切り直し」です。義務付けなどを諦めるか、もっとデメリットの少ない方法を選び直すしかありません。

　たとえば、現在、飼い犬には狂犬病予防法の登録制度があります。犬を飼い始めたら、市町村長に申請して登録をしてもらい、鑑札をもらわなくてはいけません。犬にも人間の戸籍のような登録制度があるのは、狂犬病予防のためです。犬の存在をしっかりと把握して、予防注射の漏れをなくすという目的があります。飼い主としては「面倒」な手続ですし、市町村にとっても事務量が増えます。しかし、「狂犬病発生の予防のためです！」といわれたら納得するしかありません。

　ところが、猫にはこうした登録制度がないのです。「自由きまま」なところが猫の魅力ですが、法律のうえでも自由な存在というわけです。もし、「野良猫が増えてあちこちでおしっこするから」とか、「野良猫を虐待から守る必要があるから」と国が登録制度を導入しようとしたらどうでしょう。たぶん「やりすぎではないの？」という声があがることでしょう。確かに、おしっこは臭いです。虐待も許せません。登録をすることで、少しは猫の管理が行き届いて、おしっこ被害や虐待される猫が減るかもしれません。

　しかし、登録をしたぐらいで、自由きままな猫の生活を制限できるとも思えませんし、虐待については、猫だけでなく動物一般の虐待に対する罰則が「動物の愛護及び管理に関する法律」に定められています。やはり猫に登録制度を導入することは「やりすぎ」ということになりそうです。

ネギを切るのにナタを持ち出してはいけない

　法令の規制措置が受け入れられるためには「なるほど必要だ」と思ってもらわなければなりません。その場合の大きなポイントは、義務付けなどの手段が目的にふさわしいものであるかどうかにあり

ます。ネギを切るためにナタを持ち出しては、誰もが「やりすぎ」と感じることでしょう。ネギを切るならやはり包丁に限ります。

同じように、規制手段も目的に比例したふさわしいものを選ばなければならないのです。こうした手段と目的との関係を「**比例原則**」といいます。

◎ポイント 権利を制限しようとする法律では、規制手段と目的とのバランスとして「比例原則」が重要になります。

練習問題

次の条文を読んでください。この法律が実現しようとする価値は次のうちどれだと思いますか？ 選択肢よりひとつ選んでその記号を記してください。

●育児休業、介護休業等育児又は家族介護を行う労働者の福祉に関する法律

> 第1条　この法律は、育児休業及び介護休業に関する制度並びに子の看護休暇及び介護休暇に関する制度を設けるとともに、子の養育及び家族の介護を容易にするため所定労働時間等に関し事業主が講ずべき措置を定めるほか、子の養育又は家族の介護を行う労働者等に対する支援措置を講ずること等により、子の養育又は家族の介護を行う労働者等の雇用の継続及び再就職の促進を図り、もってこれらの者の職業生活と家庭生活との両立に寄与することを通じて、これらの者の福祉の増進を図り、あわせて経済及び社会の発展に資することを目的とする。

（選択肢）
ア　育児休業及び介護休業に関する制度並びに子の看護休暇及び介護休暇に関する制度を設けること
イ　子の養育又は家族の介護を行う労働者等の職業生活と家庭生活との両立
ウ　子の養育又は家族の介護を行う労働者等に対する支援

解答（　　　　）

解　答

イ

（解説） 目的規定は「手段＋目的（究極の目的）」で書かれています。法律が実現しようとする価値は、その「目的」の部分から見つけることができます。アやウは「手段」といった方がいいでしょう。

　その手段を通じて実現しようとしているのがイです。「究極の目的」の部分が少し抽象的な場合には、「目的」の部分から探せばいいでしょう。

公平が何かを探ろう①
実質的平等とはどんなものか

> 国や自治体は常に公平であるべき。そのため、それぞれの事情に着目した実質的平等を実現することが求められる。

1枚の「とんかつ」をどう分けるか

　法律がどんな立派な価値を掲げても、「公平でない」取り扱いをしている場合には、心に響く価値にはなりません。「公平」は「平等」といい直してもいいのですが、その意味で、すべての法律にとって大切な価値なのです。ただ、その判断が難しいことがあります。

　たとえば、小学1年生と中学3年生の兄弟がいたとします。今日の夕飯のおかずは「とんかつ」です。しかし、事情があって「とんかつ」は1枚しかありません。そんなとき、兄弟2人でどのように分けるのが平等といえるでしょう。

　A　2人でちょうど半分にする
　B　食べざかりのお兄ちゃんに多めに分ける

　たぶん、直感的にBを選ぶのではないでしょうか？　形式的には、Aが平等といえます。しかし、それでは食べ盛りのお兄ちゃんのお腹がすいてしまいます。本人たちの「満足度」や「必要性」という視点では、少し多めにお兄ちゃんにあげて公平ということになるかもしれません。こうしたそれぞれの事情に着目した平等を「**実質的平等**」といいます。実質的平等は、国や自治体と国民（住民）

との間において問題となりやすいものです。国や自治体は常に公平な存在でなければならないからです。

1枚400円のとんかつを、小学生1年生のA君が200円を握りしめて買いにいっても、中学3年生のB君が200円を握りしめて買いにいっても、お店なら半分のとんかつしか売ってくれないでしょう。そして、それに対して文句をいう人もいないはずです。

ところが、これが食糧不足の国の配給だったら事情が違ってきます。「小学1年生も中学3年生も同じ1日の食糧配給はとんかつ半分とする」としようものなら、「同じ量なんてひどい！」と非難の声があがるに違いありません。こうしたことから、国民に対する法制度などでは、実質的平等が織り込まれたものがたくさんあるのです。

国から受ける行政サービスという意味では同じはずなのに、所得の多い人は高い税率で所得税を払っています。その一方で、一定の所得を下回ると所得税はかかりません。さらに、働けないなどの事情があると、生活保護が受けられます。

こうした制度は形式的には不平等かもしれませんが、実質的平等を作りだすしくみとして反対する人は少ないことでしょう。

どの程度なら実質的平等として認められるのか

問題は「どの程度なら実質的平等のための措置として認められるか」ということです。所得税の税率が特定の所得層に偏りすぎても、生活保護の基準が高すぎても、これまた「平等でない」と感じ

「とんかつ」をめぐる実質的公平とは？

る人が増えるに違いありません。

　兄弟でうまくとんかつが分けられない場合には、兄弟げんかのもとになったり、平等に分けられなかった親への恨みや不信が残るものですが、実質的平等が図られない国では、やはり国がうまく治まらなかったり、政府に対する不信が生まれたりするはずです。

　そうした実質的平等を明らかにする意味でも法律は大きな役割を果たします。国会や自治体議会で、多くの人で議論する、しかも、いろいろな立場や利益の人が議論して着地点（妥協点）を探すことは、実質的な平等を見つける作業でもあるからです。

　ところが議論をする人たちが、一部の立場や利益を代表する人のみに偏ってしまっていてはどうでしょう。当然、その結論への正当性がゆらいでしまいます。一部の地域の票が優遇される「１票の格差の問題」や高齢者と若者の投票率の違いの問題などは、そうした議論の土俵を揺るがすものとして大きな問題となるのです。

平等を実現するために大切なこと

　国・自治体と国民（住民）との関係は、基本的に一方的です。国民（住民）の側の事情は様々でしょうが、個別の事情にとらわれすぎると行政は進みません。一定の基準を満たしていれば許可を与えますし、一定の所得があればそれに応じた税率の所得税を課します。このようにある一定の基準にしたがい国民（住民）に働きかけることが公平な行政を実現することにつながるという発想があります。

　大胆にいってしまうと、公平と思われる基準を、行政が国民（住民）に当てはめることで公平を実現しようとしています。もちろん、国民（住民）は、国会（自治体議会）を通じて、公平と思われる基準を決めることに参加しています。法律や条例がそれです。

　ただ、それだけでは本当の公平は実現しません。基準を作る場面だけでなく、その基準を当てはめる場面でも監視をしていかないと行政が「血の通わないもの」、「制度の趣旨を踏み外したもの」にな

る危険性があるからです。

　近頃、ビジネスホテルでも浴衣を部屋に用意してくれていることが多くなりました。ただ、たいがいは、男性客ならMサイズ、女性客ならSサイズが置かれています。しかも、男性は青の浴衣で、女性は赤の浴衣だったりします。行政が当てはめる基準もこれに似ています。女性でもSでは小さい人がいるでしょうし、男性でも赤の浴衣がいいという人もいるかもしれません。ビジネスホテルなら、フロントに電話すればすぐに希望する浴衣に替えてくれるはずです。そもそも浴衣を置いているのは「ゆったりとくつろいでほしい」という気持ちの現れなのですから、浴衣の色やサイズを押しつけるホテルはないはずです。

　ところが、行政の場合には基準を杓子定規に押しつけることがあります。以前、生活保護を受けるに当たってクーラーを外されたお年寄りが、脱水症で入院するという事件がありました。

　生活保護法には「保護は、（中略）その者の金銭又は物品で満たすことのできない不足分を補う程度において行うものとする」（8条1項）との規定があります。この事件をきっかけにクーラーの所有が一般に認められるようになりましたが、事件当時はクーラーが「ぜいたく品」であり、保護に当たっては所有が好ましくないという基準があったのでしょう。ただ、たとえそうだとしても、お年寄りが夏場にクーラーなしで暮らすことがどんな過酷なことか、想像が足らなかったというしかありません。体力がある「若い人にとってのクーラーなし」と、「お年寄りのクーラーなし」を同列に扱ってはいけないはずです。

　形式的に平等に扱うことはたやすいですが、法制度の趣旨を踏まえて実質的平等を実現することはたいへん難しいことです。

◎ポイント　法制度の趣旨を踏まえて実質的平等を実現することはたいへん難しいことです。

公平が何かを探ろう②
民法が考える公平とは

> 私人どうしの関係を定めた民法には「強行規定」「一般条項」といった公平を実現する知恵が示されている。

お互いが納得した結果こそ「公平」

　行政法での「公平」について考えてきましたが、同じ法律でも民法など私法の場合は少し事情が違ってきます。

　私法は、一般の人や会社（私人）どうしの関係を定めた法律です。一般の人どうしの関係ですから、その関係はフィフティ・フィフティで、お互いの関係をお互いの意思で決めることができます。少し大げさにいうと、お互いが納得した結果こそが一番公平なのです。

　しかし、お互いが決めたといっても「さすがに、それは問題がある」という場合があります。そのため、それを許さない規定が民法やその他の法律に置かれています。これを**「強行規定」**といいます。お互いの意思よりも法律の規定の方が優先するという意味です。

　民法の法定利率を例にとってみましょう。現在、年5％とされているのですが、これもお互いの意思で定めた利率が別にあるならそれが優先されます。ただし、利息制限法に反する高い利率は認められません。ともすれば弱い立場の借り手に重い負担をかけてしまいますし、社会的にもあまりの高い利率は「よろしくない」と考えるからです。この場合、利息制限法の規定が強行規定というわけです。

「余計なおせっかい」ともいえるのに、どうして民法は、年５％という法定利率を定めたのでしょうか？　それには、契約で定め忘れていた事項などを補う意味があります。お互いの意思が別にあればそれが優先される規定のことを「**任意規定**」といいますが、任意規定は特段、お互いの意思がない場合に「このあたりが公平だと思うのです」と提案した規定といえます。その内容は民法が考える「公平のスタンダード」なのですから、お互いの意思で契約内容を決めるときであっても当然、参考になります。

　民法の世界をたとえてみるとこんな感じです。

> 　小学校４年生のＡ君のお父さん・お母さんは、そろそろＡ君に自分で判断して行動してほしいと考えています。特に友達との関係はそうです。親もできるだけ干渉しないよう気をつけています。とはいえ、やはり心配です。そこで最小限のルールを定め見守りは続けています。出かけるときには、誰とどこへ行くのか伝えること、どこへ行っても５時までには帰宅すること、といったルールだけは守るように伝えてあるのです。

　民法でいえば、こうしたルールが強行規定というわけです。

民法には原理原則がある

　さらに、Ａ君のお父さん、お母さんは、友達との関係で大事なことをＡ君にいつもいって聞かせています。「嘘をつかない」、「相手が嫌がることはしない」の２つがそれです。「５時までに帰りなさい」というような具体的な行動を定めたルールではないのですが、友達関係を築いていくに当たって、とても大切な原理原則だと思うからです。

　「嘘をつかない」、「相手が嫌がることはしない」シンプルですが、対等な人間関係を築くために確かに必要なことです。こうした原理

原則は民法にも必要なはずです。

　行政法のように、一定の基準に当てはまる対象に働きかけていくならまだいいのですが、私人どうしの関係では、人は様々ですし、背景とする事情も様々です。そうした「何でもありの状況」でも、民法などを適用してなんとかトラブルの解決策を見つけなければなりません。

　なるほど、民法にはお互いの意思が十分に示されていないときに補うための規定（任意規定）がいくつも置かれています。しかし、それだけでは十分ではありません。契約書にも民法にも、直接、解決策が書かれていないようなトラブル。こうしたトラブルに出合ったとき、これを公平な解決に導くためには、考え方の基本のようなものが必要となります。当事者や裁判官が、悩んだとき、迷ったとき、立ち帰る原理原則が求められるのです。

　実は、民法を適用させるに当たって、大切な柱となる原理原則が示された規定があります。これを「**一般条項**」といいます。次のような規定が一般条項とされています。

●民法

　（基本原則）
　第1条　私権は、公共の福祉に適合しなければならない。
　2　権利の行使及び義務の履行は、信義に従い誠実に行わなければならない。
　3　権利の濫用は、これを許さない。

　（公序良俗）
　第90条　公の秩序又は善良の風俗に反する事項を目的とする法律行為は、無効とする。

一般条項の内容を見てみよう

この民法1条と90条に挙げられた内容をまとめると次のようになります。

---
①公共の福祉に調和する形で権利を使うこと
②信義誠実の原則
③権利濫用の禁止
④公序良俗違反の法律行為の無効

---

①は、個人の権利といえども社会と調和する関係で使わなければならない、という大原則を宣言したものです。①は具体的な事件に適用されるものではなく、民法を流れる考え方を示したものです。その考え方とは、権利だからといって全く自由に使うことができるわけではなく、他人の権利との関係で調整されることが当然あるというもので、ここから②や③も導かれます。

②は契約の相手方などに対して「常識ある社会人」として行動することを求めたものです。**信義則**ともいわれます。相手の信頼を裏切らないように行動することは、お互いが自由な意思を持った存在として認め合うために大切なことです。

たとえば、時効が完成したあとに、借りていたお金の返済をもう少し待ってくれと申し出たのなら、その後に時効完成を主張することは信義則上できないと考えられています。

時効が完成しているのですから「もう借りたお金は返す必要がない」と主張することもできたはずです。それなのに「もう少し待ってくれ」といったのです。返す意思があると思われてもしかたがありません。あとになって「時効だから返さない」とはいうべきではないのです。

また、たとえば、窓から富士山の見えるマンションの眺望が気に入って購入する顧客に対して、1年半後には窓からの景色を遮るよ

うな別のマンションが建つことを知りながら、それをわざと伝えなかったような場合には、販売会社の信義則違反が問題となり、損害賠償請求の問題に発展するかもしれません。

　③の権利濫用の禁止というのは、形のうえでは権利の行使のように見えても、その権利の行使の方法が社会的でない場合には許されないとする考え方です。「許されない」というのは、そういった主張が認められないとか、損害賠償の責任を負うことになるというようなことを意味します。たとえば、いくら自分の土地だからといって、隣の家の日当たりを悪くしたいがために高い塀を立てることは権利の濫用として許されないのです。

　④の公序良俗に反する法律行為の無効は、もう説明が必要ないかもしれません。有名な判決では、女性の定年だけ男性より5年も若くした就業規則が、不合理な差別として無効とされた判決（日産自動車事件　再判昭56・3・24）があります。

一般条項はなぜ抽象的なのか

　一般条項はこのように抽象的なのですが、そこがまた「いいところ」なのです。抽象的だからこそ、いろいろなトラブルに使えて解決策を導くことができます。契約書や民法に直接解決策が書かれて

いないようなトラブルの解決に役立つといいましたが、さらに関係する条文があっても、それをそのまま適用してはしっくりこない場合にも、役立てることができます。

たとえば、その昔、こんな事件（信玄公旗掛松事件　大判大正8・3・3）がありました。

山梨県のある駅の近くに、武田信玄が旗を掛けたという由緒正しい松がありました。ところが、蒸気機関車が頻繁に走るようになりその煙と振動でその松は枯れてしまいました。国有鉄道だったので、その松の所有者が国に損害賠償を求めて訴えました。損害賠償を請求するには普通、相手に「故意や過失」があることが求められます。わざと松を枯らしたとか、何らかの落ち度があって松を枯らしたのならともかく、ただ蒸気機関車を走らせていただけです。自らの敷地で機関車を走らせるのは適法ですし、しかも、社会的な事業です。損害賠償を負う必要はないように思われました。

しかし、大審院（現在の最高裁判所に当たる裁判所）は、権利の行使は「適当の範囲内」においてしなければならないものであって、煙の害を防止する設備を整えないで権利行使したために他人の権利を侵害したときには、「権利の濫用」を認めて不法行為が成立するとしたのです。

このように公平な解決策を導くために条文解釈に「ひとつまみ」加える調味料にもなるのが一般条項です。裁判官の一般条項を使っての公平の導き方はなかなかプロっぽいやり方ですが、公平に対する考え方のエッセンスが詰まっていて、自らのセンスアップに役立つかもしれません。

◎ポイント　民法を適用させるに当たって、大切な原理原則が示された規定こそ「一般条項」です。

練習問題

【問題1】

次の事例では、民法の一般条項のうち何が問題となるでしょうか？ 選択肢のなかから、ひとつ選んでその記号を記してください。

> 依頼を受けて殺人を請け負う闇の稼業「仕置人」の中村主水（もんど）は、元締め（依頼主と仕置人をつなぐ斡旋人）を通じて仕置（殺人）を行ったが報酬を受けることができなかったと公事（裁判）に及んだ。

選択肢
　ア　公序良俗違反
　イ　信義則違反
　ウ　権利濫用の禁止

解答　（　　　）

【問題2】

民法91条には次のような条文があります。この条文の見出しとしてふさわしいものはどちらでしょうか。選択肢のなかから、ひとつ選んでその記号を記してください。

　第91条　法律行為の当事者が法令中の公の秩序に関しない規定と異なる意思を表示したときは、その意思に従う。

選択肢
　ア　強制規定と異なる意思表示
　イ　任意規定と異なる意思表示

解答（　　　）

解　答

【問題１】ア

（解説）殺人を契約内容とすることは、公の秩序または善良の風俗に反するものとして認められません。たとえ、江戸時代であってもそうでしょう。正解はアです。

【問題２】イ

（解説）法律の規定より当事者の意思が優先するというのですから「任意規定」に関する定めだとわかります。正解はイです。

PART 2
条文から学ぶ「公平性」と「論理性」

第 5 章

条文を正しく読むための法令用語

No. 1 法令用語を理解することの大切さを知ろう

> 法令用語には、条文を正確に理解するためのヒントが隠されている。意味を理解して、漫然と読み流さないように注意しよう。

ある営業マンと社長との会話から

　ある営業マンがお得意先の社長と雑談中にお酒の話になりました。
営業マン「社長、日本酒は飲まれますか？」
社長「嫌いな方じゃないな」
　このとき、優秀な営業マンならここで会話を終わりにはしないでしょう。
営業マン「知り合いがちょっと気の利いた肴を出す小料理屋を始めたんですよ。今度、ご一緒していただけませんか？」
　実は、この営業マンの切り返しが法律を読み解く作業の真髄です。社長のいう「嫌いな方じゃない」というのは、一種の二重否定です。簡単にいえば「好き」ということになりますが、「好き」と積極性にいいたくないときに使う言葉でもあります。
　ここで営業マンは、なぜ社長が「好き」とはいわずに「嫌いな方じゃないな」と持って回った言い方をしたのか考えたことでしょう。「好き」とストレートにいうには「照れ」があったのかもしれない。突然、プライベートな質問をしたことにある種の「とまどい」があったのかもしれない……。
　営業マンは「好き」とストレートにいわなかった社長との間にまだまだ詰めるべき距離を感じたことでしょう。そこで、次なる会話

に続けたというわけです。別に知り合いの小料理屋に誘わなくとも、「私の故郷には××というお酒があります。今度1本お持ちしますね」でもよいでしょう。

法令用語に隠されたヒントを探ろう

こうした過程こそ、法令を読み解く作業なのです。

冒頭の会話でいえば、二重否定の意味や使われ方が理解できないと社長の気持ちに近づくことはできません。ましてや、「嫌いな方じゃない」を「好きじゃない」と理解してしまうようではお話になりません。

条文においても、これから説明する「又は」と「若しくは」や「その他」と「その他の」の違いに気がつかず、漫然と読み流しているだけでは、条文の意味を理解することができないのです。

こうした法令用語は、条文の意味を正確に伝えるために使われる言葉です。言葉のかかり方とか、言い回しの意味を言葉として正確に理解する必要があります。

同時に、この言葉が使われた意図を探る作業が必要です。これは、ひとつひとつの条文の意味を、その法律が掲げる目的や正義に関連づけて理解する作業につながります。営業マンが、社長がなぜ「好き」といわずに「嫌いな方じゃない」という言い方をしたのかを考えたのと似ていますね。

法令用語には、条文の内容を正確に理解するためのヒントが隠されています。また、日常用語とは少し違った意味で使われる用語もあります。法令用語を理解することの大切さがここにあります。そうした法令用語の読み方をいくつかお伝えしようと思います。

◎ポイント 法令用語には条文を正確に理解するためのヒントが隠されています。

No.2 条文の構造を示す用語①
「又は」「若しくは」と「及び」「並びに」

> 法律の論理性は法令用語のなかにも埋め込まれている。条文の構造を正しく読むための法令用語を理解しよう。

「又は」と「若しくは」

　法律の論理性は法令用語のなかにも埋め込まれています。条文の構造などを正しく読むための「目じるし」となる法令用語がいくつかありますが、こうした用語を通じて、条文を論理的に読めるようになるのです。
　「又は」「若しくは」もそんな法令用語のひとつです。「又は」「若しくは」は、どちらも、選択肢を示すために使われる言葉です。英語でいえばどちらも「or」に当たります。
　「AかBか」、「AかBかCか」と単純に選択肢を示す場合には「A又はB」、「A、B又はC」というように使います。
　ところが、選択的な接続が2段階以上になる場合があります。こうした場合に登場するのが「若しくは」です。「又は」と「若しくは」がある場合には、どちらも「or」という意味ですが、「又は」で大きく分かれるということが重要です。まずはその感覚をつかんでみましょう。
　次の文章は、バレンタインデーに男性に何をプレゼントするかについての3人の女性たちの会話です。

A子：「ねぇ、もう何を贈るか決めた？」

図表7 「又は」と「若しくは」

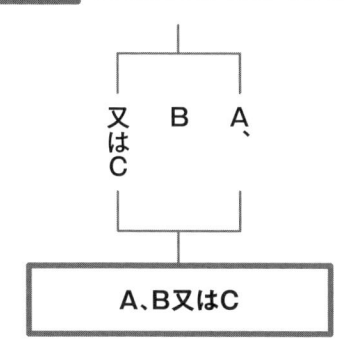

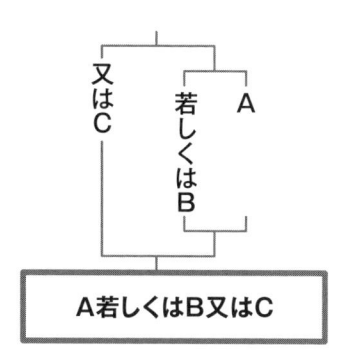

```
        又は              又は
         ┌─B、A、┐        ┌─────────┐
         │        │        │   若しくは  A
         又は C             又は C  ┌──B
                                   │
       ┌─────────┐      ┌─────────┐
       │ A、B又はC │      │A若しくはB又はC│
       └─────────┘      └─────────┘
```

B子:「それがなかなかねぇ、チョコか、マシュマロか……、ブリーフなんて贈ったりして」
C子:「ブリーフ!? だいたーん。というか、少し古くない?」

　「チョコか、マシュマロか、ブリーフ」のところを条文にしたとしたら、「チョコ若しくはマシュマロ又はブリーフ」となるはずです。チョコとマシュマロはお菓子としてグループ分けできますが、ブリーフというのも男物のパンツです。お菓子とは趣が異なります。ここで大きくグループ分けができます。
　実際の条文も見てみましょう。

●刑法

（有期の懲役及び禁錮の加減の限度）
第14条　死刑**又は**無期の懲役**若しくは**禁錮を減軽して有期の懲役又は禁錮とする場合においては、その長期を30年とする。
2　略

　この刑法14条1項の「死刑又は無期の懲役若しくは禁錮」の部分は、「又は」で大きく分かれます。これはもうお話ししました。

さらにしてほしいのは、「又は」を見つけたら、なぜ、そこで大きく２つのグループに分けたのだろうと考えることです。条文が伝えようとすることが隠されている場合があるからです。
　刑法14条1項の場合、生命を奪われる究極の刑である「死刑」と、自由を奪われる刑（自由刑）である「懲役や禁錮」とで大きくグループ分けしたものと考えられます。「懲役」と「禁錮」の違いは刑務作業があるかないかだけですから（「懲役」の方は刑務作業があります）、死刑と自由刑ということで分けたのでしょう。
　となると、「無期の」の文字は、「禁錮」にもかかるように読むということがわかります。「死刑又は無期の懲役・禁錮」と読むのが正しいということになります。

「及び」と「並びに」

　「及び・並びに」も「又は・若しくは」と同じ視点で読み解くことができます。ただ、違う点がひとつだけあります。「又は」は一番大きなグループどうしをつなぐときに使うのに対して、「及び」が一番小さなグループどうしをつなぐ場合に使われることです。
　「及び」・「並びに」の使い方、こんな風にイメージできそうです。

> ２組の双子が大集合！
> 「おすぎ」**及び**「ピーコ」**並びに**「まな」**及び**「かな」

　双子どうしは「まな・かな」のように「・」でつながれることも多いものです。また「おすぎとピーコ」のように２人がセットで表現されることもあります。その場合にはこんな風になりそうです。

> ２組の双子が大集合！
> 「おすぎとピーコ」**及び**「まなとかな」

図表8 「及び」と「並びに」

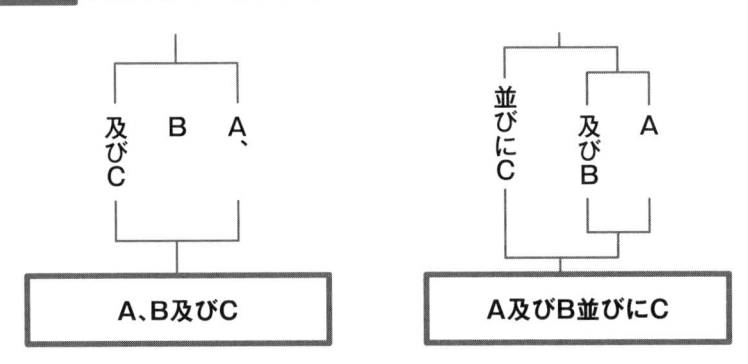

```
       ┌──────┐                    ┌──────┐
  及   │ B  A │、              並  │ 及   │
  び   │      │                 び │ び A │
  C    │      │                 に │  B   │
       └──────┘                 C  └──────┘
           │                           │
    ┌──────────────┐            ┌──────────────┐
    │  A、B及びC   │            │ A及びB並びにC │
    └──────────────┘            └──────────────┘
```

　実際の条文例でも見てみましょう。次の行政事件訴訟法25条3項の例は、「損害」についての要素と、「処分」についての要素とを勘案するよう求めています。「勘案」というのは「あれこれ比べて考慮に入れる」といった意味です。損害の要素として勘案するのが「性質と程度」であり、処分の要素として勘案するのが「内容と性質」というように分かれているのです。

●行政事件訴訟法

（執行停止）
第25条　1・2　略
3　裁判所は、前項に規定する重大な損害を生ずるか否かを判断するに当たつては、損害の回復の困難の程度を考慮するものとし、損害の性質**及び**程度**並びに**処分の内容**及び**性質をも勘案するものとする。
4〜8　略

　さて、もうひとつ。行政不服審査法15条1項の例も読んでみましょう。次はかなり難しいですよ。しかし、「及び」・「並びに」がわかってこそ、条文が正確に読めるという例です。

●行政不服審査法

> （審査請求書の記載事項）
> 第15条　審査請求書には、次の各号に掲げる事項を記載しなければならない。
> 　一　審査請求人の氏名**及び**年齢又は名称**並びに**住所
> 　二〜六　略
> 2〜4　略

　まず、一番小さなグループをつなぐときに使われるのが「及び」であり、それより大きなグループを結ぶときに使うのが「並びに」です。一番小さいグループどうしである「氏名及び年齢」を「A」と置き換えると、不服審査法15条1項1号の基本的な構造は、次のようになります。

> 審査請求人のA又は名称及び住所

　ここまでわかればしめたものです。この場合、①「A及び住所」という場合と、②「名称及び住所」という場合があるということになります。たまたま「A」には「氏名と年齢」という2つの要素があるからわかりにくくなっているだけなのです。
　「氏名と年齢」を「・」を使ってひとくくりにしたら、「審査請求人の氏名・年齢又は名称及び住所」となり、少しはわかりやすくなるかもしれません。ところが「・」の代わりに「及び」を使ったので、「住所」の前の「及び」は「並びに」へと変化したというわけです。
　「氏名と年齢」の場合と「名称」の場合があるのは、審査請求する者に、生身の人（「自然人」と法律用語でいいますが）のほかに、法人があるからです。
　自然人の場合には、氏名というものがあり、年齢というものがあ

ります。ところが法人の場合には、氏名とはいいません。「○○株式会社」という名称があるにすぎないのです。もちろん法人に年齢なんてありません。ただ、自然人も法人も住所はあります。つまり必要な記載事項は次のようになります。そのことを条文は明らかにしたかったのです。

> 自然人：**氏名**、**年齢**、住所
> 法　人：**名称**、住所

◎ポイント　「又は」は一番大きなグループどうしをつなぎます。「及び」は一番小さなグループどうしをつなぎます。

練習問題

【問題１】

条文の内容を考えながら空欄に「及び」か「並びに」を入れてください。

・憲法改正、法律、政令（　①　）条約を公布すること。（憲法7条1号）
・両議院は、各々国政に関する調査を行ひ、これに関して、証人の出頭（　②　）証言（　③　）記録の提出を要求することができる。（憲法62条）

解答　①（　　　）②（　　　　）③（　　　　）

【問題２】

条文の内容を考えながら空欄に「又は」か「若しくは」を入れてください。

・何人も、宗教上の行為、祝典、儀式（　④　）行事に参加することを強制されない。（憲法20条2項）
・詐欺（　⑤　）強迫によって取り消すことができる行為は、瑕疵ある意思表示をした者（　⑥　）その代理人（　⑦　）承継人に限り、取り消すことができる。（民法120条2項）

解答　④（　　　）⑤（　　　　）⑥（　　　　）⑦（　　　　）

解　答

【問題1】　①：及び　②：及び　③：並びに

（解説）①はシンプルな「A、B、C及びD」の例です。②、③では、大きく「証人の出頭・証言」と「記録の提出」に大きく分かれます。同じ証人についてのことですから、まず②には「及び」が入ります。③はそのため「並びに」となります。

【問題2】　④：又は　⑤：又は　⑥：又は　⑦：若しくは

（解説）④はシンプルな「A、B、C又はD」の例です。「宗教上の」はこれらのすべての言葉にかかります。⑥、⑦は少し難しいですが、まず、⑤は、単独の選択肢ですので「又は」となります。⑥は前後で「意思表示をした本人」と「それ以外の人」に大きく分かれていることがわかれば正解できるはずです。⑥は「又は」で、⑦は「若しくは」ということになります。

No.3 条文の構造を示す用語②
「その他」と「その他の」

> 「その他」と「その他の」の意味と使い方には明確な違いがある。それぞれの意味と使い方を理解しておこう。

「その他」と「その他の」

「その他の」の場合は、「その他の」の前にある語が「その他の」のあとにある語の「例示」に当たります。「その他」の場合には、「その他」の前の語と「その他」のあとの語は「並列」の関係にあります。言葉で説明するより規定例で見てもらった方がよさそうです。

> 「俸給その他の給与」（警察法37条1項1号ほか）
> 「賃金、給料その他これに準ずる収入」（労働組合法3条）

「俸給」というのは、公務員に支払われる諸手当を除いた基本給のことです。上の例では「俸給」は「給与」の例示として使われています。下の例では、「賃金」、「給料」とともに、「その他これに準ずる収入」があるというイメージです。

ここで少し頭の体操をしてもらいましょう。

下のA、Bは、お花見の場所取りを命じる部長の発言です。どちらにも吉田君と山田君が登場していますが、吉田君と山田君が将来有望だと思われるのはどちらの場合でしょうか？

> A：今年も桜が咲いたようだ。吉田君、山田君その他の若手に

でも場所取りをしてもらおうか。
B：今年も桜が咲いたようだ。吉田君、山田君その他若手にでも場所取りをしてもらおうか。

　正解はAとしたいと思います。Aでは、吉田君と山田君は、若手のひとりとして挙げられています。「その他の」の前に挙げられるものは、「その他の」以下のことがらの例示だといいましたが、Aでは、吉田君や山田君は、若手の代表として真っ先に部長に名前を挙げられたのです。どのくらいの若手社員がいるのかわかりませんが、少なくとも部長に名前を覚えてもらっている若手といえるでしょう。

　これに対してBの場合には、吉田君、山田君、若手という三者が並列関係にあります。「若手にでも」という表現から、せめてお花見の場所取りにでも役立ってくれたらいいという人として、吉田君、山田君、そして若手社員が挙げられているように読めます。

ある中華料理屋さんのメニューで

　さらに別な例も見てもらいましょう。
　Sさんは、ある中華料理屋さんでランチのマーボ豆腐を注文しま

した。お店の前に出ていたランチメニューの看板を見てのことです。ところが、店主に「今日の680円ランチはネギラーメンだからマーボ豆腐はない」といわれました。

　Ｓさんは、ランチの看板にマーボ豆腐の名前があったと反論しましたが、店主は「よく読んでくれ！」の一点張りです。店主のいうことが正しいのは看板がＣ、Ｄどちらの場合でしょうか？

Ｃ：マーボ豆腐、ネギラーメン、エビ入りチャーハンその他日替わりで定めるランチメニュー680円

Ｄ：マーボ豆腐、ネギラーメン、エビ入りチャーハンその他の日替わりで定めるランチメニュー680円

　正解はＤです。Ｄの場合「マーボ豆腐、ネギラーメン、エビ入りチャーハン」は日替わりランチメニューの例示にしかすぎません。その日の日替わりは、その日の気分で店主が選ぶことになります。場合によっては、「マーボ豆腐、ネギラーメン、エビ入りチャーハン」以外のメニューになるかもしれません。そして、Ｓさんが訪れた日の日替わりは「ネギラーメン」だったというわけです。

　Ｃの場合には、680円のメニューは、「マーボ豆腐、ネギラーメン、エビ入りチャーハン」という3種類の定番と、「日替わりランチ」の4種類ということになります。

　店主が「よく読んでくれ！」といったのは、「その他」と「その他の」の違いを気をつけてくれという意味だったのでしょう。

会社法の条文を見てみよう

「本当の条文もこんなわずかな表現の違いで意味が違うのだろうか？」そう疑っている人もいるかもしれません。最後に実際の条文での違いを紹介しておきましょう。

　紹介したいのは会社法での2つの規定です。一方は「その他法務

省令」となっており、もう一方は「その他の法務省令」となっています。同じ法律の、しかも近い場所に規定されているのですから、両者は「わざわざ表現を変えた」のに違いありません。

●会社法

(株主総会に対する報告義務)
第384条　監査役は、取締役が株主総会に提出しようとする**議案、書類その他法務省令**で定めるものを調査しなければならない。この場合において、法令若しくは定款に違反し、又は著しく不当な事項があると認めるときは、その調査の結果を株主総会に報告しなければならない。

(定款の定めによる監査範囲の限定)
第389条　1・2　略
3　前項の監査役は、取締役が株主総会に提出しようとする会計に関する**議案、書類その他の法務省令**で定めるものを調査し、その調査の結果を株主総会に報告しなければならない。
4～7　略

　この表現の違いは、法務省令の定め方に現れます。会社法389条3項には、監査役の調査する対象として「株主総会に提出しようとする会計に関する議案、書類その他の法務省令」とあります。「株主総会に提出しようとする会計に関する議案、書類」はもう389条3項に書かれているので、法務省令でさらに書く必要がないと思うかもしれません。しかし、法務省令(会社法施行規則)108条1号や2号では「株主総会に提出しようとする会計に関する議案、書類」と「議案」や「書類」を重ねて規定しています。重ねて書かなければならなかった理由は、法389条3項の「株主総会に提出しようとする会計に関する議案、書類」とする部分は法務省令の内容を

イメージさせる例示にすぎないからです。ですから、これらをやはり含めることにするなら改めて法務省令に規定しなければならないのです。

　一方、会社法384条では、監査役が調査しなければならない対象は①株主総会に提出しようとする議案、②株主総会に提出しようとする書類、③株主総会に提出しようとするその他法務省令に定めるもの、ということになります。この条文を受けての法務省令の規定では、改めて①や②の内容を規定する必要がありません。実際に法務省令（会社法施行規則）106条には「電磁的記録その他の資料」とあるだけで、議案や書類の名はありません。

●**会社法施行規則**

> （監査役の調査の対象）
> 第106条　**法第384条に規定する法務省令**で定めるものは、電磁的記録その他の資料とする。
>
> （監査の範囲が限定されている監査役の調査の対象）
> 第108条　**法第389条第３項に規定する法務省令**で定めるものは、次に掲げるものとする。
> 　一　計算関係書類
> 　二　次に掲げる議案が株主総会に提出される場合における当該議案
> 　　イ〜ト　略
> 　三　次に掲げる事項を含む議案が株主総会に提出される場合における当該事項
> 　　イ〜チ　略
> 　四　前三号に掲げるもののほか、これらに準ずるもの

「その他」と「その他の」とわざわざ表現を違えた理由については

ハッキリわかりませんが、法389条3項の場合には、法律制定時には細かい制度設定まで決めることはできず、法務省令を制定する際にもう一度よく考えてみようと、「アロワンス」を残していたのではないでしょうか。こちらについては、監査役は必ず調査結果を株主総会に報告する必要がありますから、慎重に対象を決めたかったのかもしれません。また、本当のねらいは、今後の実態を見ながら法務省令で見直しができるようにするというところにあったという可能性もあります。いずれにしても、意味が異なることを知ったうえで、条文の表現を書き分けていることは明らかです。

　ラーメン鉢の底には、スープを飲み干した者だけが見ることができる美しい龍の模様が描かれています。契約書にも法律の条文にも、深く読み込んだ者だけが気がつく「しかけ」が定められているものなのです。「その他」と「その他の」の違いも、ラーメン鉢の底に描かれた龍の模様のひとつといえるでしょう。

◎ポイント 例示として使われるのは「その他の」の方です。

No.4 条件について示す用語
「場合」と「とき」

> 日常では同じ意味で使われる「場合」と「とき」は、法令で使うときには特殊なルールがある。そのルールを知っておこう。

「場合」と「とき」には特殊なルールがある

　日常用語では、「場合」も「とき」も、どちらも同じ意味で使われています。「〜する場合」といっても「〜するとき」といっても、その意味に違いはないはずです。これとは別に、法令で使うときにはちょっとした特殊なルールがあります。それは、仮定的な条件が２つ重なる場合の使い方です。

　仮定的な条件が２つ重なる言い方はあまり日常生活ではしません。理屈っぽく聞こえるからでしょうか。たとえば、「風邪をひいて38度以上の熱があるときは」という文章があったとします。

　この文章は仮定的条件の「とき」を使ってひとつにまとめていますが、よく考えてみると本当はその条件は２つあるはずです。丁寧にいうと「風邪をひいたときであって、しかも、38度以上の熱があるときは」となるからです。

　２つの条件があるということは、アンパンマンがよくいう「顔が濡れて力が出ない」というセリフと比べてみるとよくわかります。パンの顔を持つアンパンマンは、顔が濡れると「必ず」力が出なくなります。ですから「顔が濡れたときであって、力が出なくなってしまったときは」と表現することはふさわしくないのです。

　これに対して「風邪をひいて38度以上の熱があるときは」は２

つの仮定的条件が重なったものということができます。「風邪をひいたとき」であっても、必ずしも「38度以上の熱がある」とは限らないからです。

　ある条文が働き出すときの条件のことを「要件」といいます。そのため、どんな要件が必要なのか、その要件どうしがどんな関係にあるのかということは条文を読むうえで、とても大切になります。そのため、法令では2つの仮定的な条件が重なった場合には、「場合において、～ときは」と条件が2つあることと、そして条件の大小関係を明らかにする法令用語のルールを定めたのです。
「場合」を2回使ったり、「とき」を2回使えば表現できなくもありません。しかし、それでは条件の大小関係はわかりにくいので、大きな条件には「場合」を、小さな条件には「とき」を使って、2つの仮定的な条件が重なった状態であることを表現しています。
　具体例を挙げておきましょう。次の条文は、いじめ防止対策推進法の規定です。23条1項は「児童等からいじめに係る相談を受けた」という場合であって、しかも「いじめの事実があると思われる」ときに、働き出すことになります。

●いじめ防止対策推進法

> （いじめに対する措置）
> 第23条　学校の教職員、地方公共団体の職員その他の児童等からの相談に応じる者及び児童等の保護者は、児童等からいじめに係る相談を受けた**場合において**、いじめの事実があると思われる**ときは**、いじめを受けたと思われる児童等が在籍する学校への通報その他の適切な措置をとるものとする。
> 2～6　略。

「者」と「もの」

　こうしたことがらの大小関係を明らかにする言い方はほかにもあ

ります。「者」と「もの」の使い方がそれです。

　まず、法令で「者」という用語は、自然人や法人といった法律上、自らの名前で権利を有したり、行使したりできる存在に使われます。「○×株式会社」であれば、その会社の名前で物を買ったり、預金したりと自然人と同様に権利行使できますが、ご近所のおじさんが集まって「壇蜜さんを愛する会」を結成したとしても、それは単なる人の集まりですから、会のために何か買うにしても、集めた会費を銀行に預けるにしても、基本的にはメンバーの誰かの名前などでしなければなりません。こうした権利主体になれない存在はひらがなで「もの」と表現して「者」と区別しています。

　では、「者」が2重に重なるようなときはどうでしょう。たとえば「壇蜜さんを愛する者で、しかも、壇蜜さんのサインを持っている者は」というような場合です。このときには、「者」を重ねるようなことはせず、「者であって、～ものは」と表現して、条件の大小関係をハッキリさせることがルールとなっています。

●性同一性障害者の性別の取扱いの特例に関する法律

> （定義）
> 第2条　この法律において「性同一性障害者」とは、生物学的には性別が明らかであるにもかかわらず、心理的にはそれとは別の性別（以下「他の性別」という。）であるとの持続的な確信を持ち、かつ、自己を身体的及び社会的に他の性別に適合させようとする意思を有する**者であって**、そのことについてその診断を的確に行うために必要な知識及び経験を有する二人以上の医師の一般に認められている医学的知見に基づき行う診断が一致している**もの**をいう。

◎ポイント　「者であって、ものは」と覚えましょう。

基準点を示す用語と「初日不算入の原則」

基準点を示す用語をあいまいにしておくと、法違反や契約違反を犯してしまうかもしれない。しっかり理解しておこう。

「以上」と「超える」・「以下」と「未満」

次は「広がり」を示す用語です。こうした用語を「あいまい」にしておくと、思いがけず法違反や契約違反を犯すことになりかねません。もう理解している用語も多いかもしれませんが、確認の意味も込めて読んでみてください。

「以上」と「超える」は、基準点が含まれるかどうかの違いがあります。「65歳以上」という場合には65歳も含みますが、「65歳を超える」という場合は65歳は含みません。

65歳以上	⇒ 65歳を**含める**
65歳を超える	⇒ 65歳を**含めない**

「以下」と「未満」も同様に、基準点が含まれるかどうかの違いがあります。「65歳以下」というのは65歳を含みますが、「65歳未満」という場合には65歳を含みません。

65歳以下	⇒ 65歳を**含める**
65歳未満	⇒ 65歳を**含めない**

このように「以」という文字は基準点を含む意味に使われます。ですから「以前」と「前」、「以後」と「後」、「以内」と「内」も基準点を含めるかどうかの違いになります。「平成27年4月1日以後」といえば、平成27年4月1日を含んでそれよりあとの日にちのことを指しますし、「150グラム以内」といえば、150グラムを含んでそれより少ない重さということになります。

「から～まで」

　「から～まで」という表現も条文で使う場合には、起点や終点を含む表現です。たとえば、「第1条から第8条まで」といえば、第1条も含みますし、第8条も含みます。

　ひとつ注意しなければならないことがあります。古い法令ではこの「から～まで」という意味を「乃至（ないし）」という漢字を使って表現していました。そのため、年配の弁護士などは「第1条ないし第8条」などと表現することがあります。これは「第1条か第8条か」という意味ではなく「第1条から第8条まで」の意味で使っていると思われますので気をつけなければなりません。

第1条から第8条まで	⇒ 1条も8条も含める
第1条乃至（ないし）第8条	

「から」と「から起算して」

　ここで一番難しいのが、期間を表すときの「から」と「から起算して」の使い方です。「期間」というのは、いつからいつまでというように始期と終期が定められた時間の長さのことです。

　たとえば、図書館で本を借りると、「貸出期間は貸出日から5日間です」とか「貸出日より2週間です」などといわれたりします。「わかりました」なんて答えるものですが、本当のところ、いつま

で返せばいいか正確にわかる人は少ないかもしれません。借りたものが本なら貸出期間を超えても「次回は注意してくださいね」なんていわれてすむかもしれませんが、お金を借りた場合やビジネス上の契約などでは思いがけないトラブルに発展するかもしれません。

そこで、次の民法の規定を見てください。

●民法

> （期間の起算）
> 第140条　日、週、月又は年によって期間を定めたときは、期間の初日は、算入しない。ただし、その期間が午前零時から始まるときは、この限りでない。
>
> （期間の満了）
> 第141条　前条の場合には、期間は、その末日の終了をもって満了する。

簡単にいえば、民法140条は「〜から」という場合にはその初日は参入しないことを原則としているのです。これを「**初日不算入の原則**」といいます。「初日不算入の原則」は義務を負う人に不利にならないようにする民法の公平さが導いた原則です。

たとえば、会社帰りの午後6時ごろに図書館によって本を借りたとします。もうその日は6時間ほどしかありません。その日を1日とカウントすると、実質的に貸出期間を短くすることにもつながります。そのための初日不算入を原則としたのです。

ですから、民法140条のただし書にもあるように、その期間が「午前零時から始まるとき」は初日を参入することになります。図書館での貸出期間が「貸出日の翌日から5日間」とされているようなときがそうです。翌日は「まるまる1日ある」のですから、翌日からカウントを開始しても義務を負う人に不利とはいえません。

なお、民法141条はその期間の満了についての定めです。図書館の場合には開館時間があるので決められた時間に返却しなければならないでしょうが、こうした事情がない場合には、期間は最終日（末日）の午後12時で満了することになります。

　この民法の期間計算の方法は民法138条が規定しているように「ジャパンスタンダード」なのです。法令で別な定めをしている場合やお互いの意思で別な取決めをする場合はともかく、一般的にこの民法のルールがスタンダードルールとして及ぶというわけです。

> （期間の計算の通則）
> 第138条　期間の計算方法は、法令若しくは裁判上の命令に特別の定めがある場合又は法律行為に別段の定めがある場合を除き、この章の規定に従う。

「初日不算入の原則」の例外とは？

　特別な定めをする場合として、一番ポピュラーなのが「から起算して」と起算日を明らかにする方法です。
「貸出日から起算して」とか「貸出日の翌日から起算して」などとある場合には、「起算日はいつだろう？」という心配はなくなります。法令においても「から起算して」と表現する例はわりあいあります。これには「期間について間違えないでね」といった気持ちが込められているものと思われます。

の日から	⇒ 初日はカウントしない
の日から起算して	⇒ 初日はカウントする

●行政手続法

> 第39条　1・2　略
> 3　第1項の規定により定める意見提出期間は、同項の公示の日から起算して30日以上でなければならない。
> 4　略

◎ポイント　「～から」という場合には、その初日は参入しないのが原則です。これを「初日不算入の原則」といいます。

No.6 期間の計算を練習してみよう

前項では期間計算のルールを確認したが、ここではいくつかの例を使って、期間計算の方法を復習してみよう。

期間の計算を練習しよう①

期間の計算をいくつか練習してみましょう。
（例1）は「から」と表現されていますので、起算日は翌日ということになります。（例2）は「から起算して」と起算日を明らかにした例です。

少しやっかいなのが、（例3）です。「から」と表現されているので、初日不算入の原則が働きそうなものですが、初日がまるまる1日あるため（「午前零時から始まるとき」に当たるので）、例外的に初日が参入されます。

（例1）7月9日に貸出し。「**貸出期間は貸出日から5日間です**」
　⇒ 初日不算入

| 9日 | 10日 | 11日 | 12日 | 13日 | 14日 | 15日 |

（例2）：7月9日に貸出し。「**貸出期間は貸出日から起算して5日間です**」⇒ 初日算入

| 9日 | 10日 | 11日 | 12日 | 13日 | 14日 | 15日 |

（例3）：7月9日に貸出し。「**貸出日の翌日（7月10日）から5日間です**」⇒ 140条ただし書が働き、初日算入

| 9日 | 10日 | 11日 | 12日 | 13日 | 14日 | 15日 |

期間の計算を練習しよう②

　次は、2週間とか1カ月間といった場合の期間計算の方法です。特に、月や週の途中から起算するときの計算方法は「慣れ」が必要です。ただ、ルールさえわかれば、何も怖がることはありません。そのルールは、民法143条2項に定められています。

　そのルールとは次のようなものです。
①起算日を確認する
②それに応答する日（2週間後とか1カ月後の日）を探す
③期間の満了日は応当日の前日

●**民法**

> （暦による期間の計算）
> 第143条　週、月又は年によって期間を定めたときは、その期間は、暦に従って計算する。
> 2　週、月又は年の初めから期間を起算しないときは、その期間は、最後の週、月又は年においてその起算日に応当する日の前日に満了する。ただし、月又は年によって期間を定めた場合において、最後の月に応当する日がないときは、その月の末日に満了する。

　やはり、実際の例で考えてみましょう。
　次の（例4）は初日不算入の場合で、（例5）は初日算入の場合です。どうです、難しくないでしょう。

（例4）7月9日に貸出し。「**貸出期間は、貸出日から2週間です**」
⇒起算日は7月10日。その2週間後の応当日は7月24日。その前日は7月23日

日	月	火	水	木	金	土
1	2	3	4	5	6	7
8	9	10	11	12	13	14
15	16	17	18	19	20	21
22	23	**24**	25	26	27	28
29	30	31				

（例5）7月9日に貸出し。「**貸出期間は、貸出日から起算して2週間です**」⇒起算日は7月9日。その2週間後の応当日は7月23日。その前日は7月22日

日	月	火	水	木	金	土
1	2	3	4	5	6	7
8	9	10	11	12	13	14
15	16	17	18	19	20	21
22	**23**	24	25	26	27	28
29	30	31				

年齢の数え方に関する特例を知っておこう

　これまでお話ししたように、民法の期間計算では初日不算入が原則です。ところが、年齢の数え方については注意しなければなりま

せん。というのも「年齢計算に関する法律」という法律が定められていて、例外的に初日算入がとられているからです。

●明治35年法律第50号（年齢計算ニ関スル法律）

> 1　年齢ハ出生ノ日ヨリ之ヲ起算ス
> 2・3　略

初日算入がとられているのですから、4月1日生まれの子がひとつ年を重ねるのはいつかといえば、応当日（次の年の4月1日）の前日、つまり、3月31日の午後12時ということになります。法律的に年齢を重ねるのはいつかといえば3月31日ということになるのです。

学校へ通っていた頃のことを思い出してみてください。4月1日生まれの子まではひとつ上の学年で「早生まれ」扱いになり、同じ学年で一番早い生まれの子は4月2日生まれだったのではないでしょうか？

これこそ「年齢計算に関する法律」のちょっとした「いたずら」なのです。4月1日生まれの子は3月31日に6歳になります。つまり4月1日という新しい年度を迎える前にすでに6歳になっているので、一足先に小学校に入学することになるというわけです。

◎ポイント　「から〇日間」という場合には初日不算入。「から起算して〇日間」の場合には初日算入です。

No.7 繰り返しを避ける用語
「準用する」「例による」

> 合理的な思考に基づいて書かれる条文には、繰り返しを避ける表現がよく使われる。そうした表現に慣れよう。

「準用する」

　条文を書く極意が、「何も足さない、何も引かない」という考え方であることはすでにお話しした通りです。条文は、合理的（「論理的」といい換えてもいいでしょう）な思考に基づいて書かれるものです。ですから、読み手は、どんな規定であっても「余分な規定」とは思わず、その部分をどう解釈するか頭をひねることになってしまいます。ですから、必要最小限の規定こそ、望ましいということになるのです。

　その現れなのでしょう。条文では繰り返しを避ける表現がよく使われます。そうした表現のひとつに「準用する」があることもすでにお話ししましたが、さらに規定例をお見せしましょう。

●消費者基本法

（消費者基本計画）
第9条　1・2　略
3　内閣総理大臣は、消費者基本計画の案につき閣議の決定を求めなければならない。
4　内閣総理大臣は、前項の規定による閣議の決定があつたときは、遅滞なく、消費者基本計画を公表しなければならない。

> 5　前2項の規定は、消費者基本計画の変更について**準用する**。

　9条5項では「準用する」としていますが、この部分を3項や4項のように丁寧に書いてもいいのです。しかし、同じようにするのだから何度も同じ条文を書かずに「準用する」ですませています。
　ただ、準用するとする対象は「似たようなもの」であっても本来の対象ではありません。本来の対象なら、「準用」ではなくて「適用」となるからです。

適用	本来の対象に規定を当てはめること
準用	本来の対象ではないけれど似たような対象に規定を当てはめること。本来の対象でないものに当てはめるので「読替規定」が置かれる場合も多い

「読替規定」を味わってみよう

　準用はある意味、本来の対象以外にその規定を当てはめようとするものです。ですから、ある程度、読みにくいところが生じることがあります。そしてその読みにくいところをカバーするのが「読替規定」なのです。
　ただ、「読替規定を置くか置かないか」、「どの部分の読み替えをするか」ということはとても難しいものです。「合理的な思考をする人を前提に最小限の読替規定を置く」ことが求められるからです。
　読替規定はなんでもないただの「いい換え」と思っていたかもしれません。しかし、規定の趣旨などを理解したうえで、「どこまでなら読替規定なしで読めるか？」ということを探りながら書くものです。読替規定を読みながら、起案者（原案を作成した官僚など）がどのような判断をしたのかをたどってみると面白いかもしれません。「論理的に考えればどこまで説明の必要がないのか」、その判断

がそこにあるからです。また、「どうしてこんな読替規定を置いているのだろう？」と考えることで、規定の趣旨の理解も深まるものです。

ひとつだけ、消防法の規定を使ってこの作業をしてみましょう。消防法35条の11では、「消防隊」に関する27条の規定を、「救急隊」に準用しています。

●消防法

> 第27条　消防隊は、火災の現場に到着するために緊急の必要があるときは、一般交通の用に供しない通路若しくは公共の用に供しない空地及び水面を通行することができる。
>
> 第35条の11　第27条の規定は、救急隊について**準用する。この場合において、同条中「火災の現場に到着する」とあるのは、「救急業務を実施する」と読み替えるものとする。**
> ②　略

もし、35条の11第1項の読替規定がなかったらどうなるでしょう。火事の現場に急ぐ救急隊は通路や空地などを走れても、火事と関係ない現場に急ぐ救急隊はそんなところは走れないと読まれる可能性があります。そんな疑問を打ち消すために読替規定を置いたのでしょう。

考えてみると、救急業務は、消防の役割なのですが、火事とは関係ない災害や事故についても出動します。調べてみると、もともとは消防の持っていた装備があてにされて行われていた救急事業ですが、昭和38（1963）年の消防法の改正の際に正式な消防の役割として加わったようです。そのあたりの「ズレ」を頭に置いたうえでの読替規定なのでしょう。

図表9　カンニング事件の処分

カンニング事件		訴訟手続	
S君の処分	F君の処分	民事訴訟	行政事件訴訟
・始末書 ・面談 ・単位取消し	1カ月の 自宅待機 ＋ 例による	民事訴訟法 など	行政事件 訴訟法 ＋ 例による

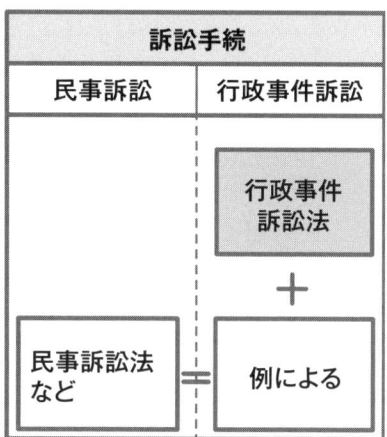

「例による」

「例による」は、ある制度などに関する条文を「まるごと準用する」場合に使われる言葉です。

たとえば、「国税滞納処分の例による」といった具合に使われます。これは、年金の保険料だったり、地方税だったりと、国税でないものをについて滞納があったときにも、国税が滞納されたときと同じような手続で徴収することを規定したものです。

こんな細かいことまで覚える必要はさらさらありませんが、「国税滞納処分の例による」といえば、国税徴収法、同法施行令、同法施行規則などの国税徴収に関するいろいろな規定をまるごと準用する意味になるのです。

ある高校でのことです。数学の試験でS君のカンニングが見つかりました。公式をスマートフォンで検索して解答したというのです。S君は始末書を書かされたうえ、保護者とともに副校長の面接を受けることになりました。もちろん、単位は取り消しです。

ところが、数日後、スマートフォンはF君にも回覧されていたこ

とがわかりました。しかも、カンニングをいい出したのはＦ君で、あろうことか、公式を忘れないように前に座る生徒のワイシャツにメモ書きまでしていたというのです。学校は、Ｆ君にもＳ君と同じ処分をしたうえで、Ｆ君の行為はさらに悪質だとして、１カ月間の自宅待機を命じました。

Ｆ君は、Ｓ君に対する「処分の例による」処分をされたうえで、「１カ月の自宅待機」の追加処分までされたというわけです。

このＳ君への処分とＦ君への処分の関係は、民事訴訟法と行政事件訴訟法との関係に似ています。なお、行政の処分の取り消しなどを求めるのが行政事件訴訟です。一方、民間の人や会社（私人）どうしのトラブルを裁くのが民事訴訟です。次の条文を見てください。

● **行政事件訴訟法**

> （この法律に定めがない事項）
> 第７条　行政事件訴訟に関し、この法律に定めがない事項については、民事訴訟の例による。

基本的に行政事件訴訟には民事訴訟と同じような裁判の手続が定められたうえで、プラスアルファの裁判手続が行政事件訴訟法に定められていることがわかります。先ほどの例でいえば、Ｆ君への自宅待機処分に当たるのが、この行政事件訴訟法です。これを図にすると**図表9**のような感じになります。

民事訴訟の手続を定めた民事訴訟法を「一般法」、それを前提に行政事件訴訟についてだけの特別な定めをした行政事件訴訟法を「特別法」と表現することもできます。その話は第６章でお話しします。

◎ポイント　「読替規定」から、準用元の条文と準用先の条文との関係を知ることができます。

練習問題

次の文章を読んで必要な読替規定を考えてください。

　回転寿し「ささら寿し」は鈴木家の行きつけのお店です。好きなお寿しを自分で選べるスタイルが子どもたちに大人気です。お皿は1枚100円とリーズナブルなところが親も気に入っています。ただ、問題もあります。子どもたちは食べきれないほどお寿しを取るし、お父さんはついついビールの量が増えてしまいます。また、近頃の景気を反映してか、新しく1枚150円の金のお皿も登場し、子どもたちは面白がって取ります。そんなことから、ついつい食事代が高くなりがちです。また、痛風気味のお父さんの飲みすぎも心配です。そこでお母さんは以下のようなルールを定めることにしました。

> （ささら寿しでのルール）
> ①取っていいお皿は1人10枚以内（そのうち、金のお皿は3枚以内）とします。
> ②ビールは1人ジョッキ1杯のみです。

　ところが今度は近所に93円均一の「けんか寿し」が開店しました。どのネタも93円で回っています。たくさんのソフトドリンクも、やはり93円でお皿に乗って回っています。ただ、デザートだけは別注文で150円均一です。「けんか寿し」の弱点は生ビールがないことです。こちらは中瓶のみなのです。
　鈴木家では「けんか寿し」で食事することも増えたので、やはり同様の理由からルールを作ることにしました。「ささら寿し」でのルールを準用して、新しいルールを作りたいのですが、以下の文章の読替規定の空欄に文章を入れて、ルールを完成してください。

> 「ささら寿し」でのルールは、「けんか寿し」で食事するときにも準用する。この場合において、「(A)」とあるのは、「(B)」と読み替えるものとする。

(解答例)

A	
B	

解　答

A	**ジョッキ1杯のみ**
B	**中瓶1本のみ**

（**解説**）ここで示したのはひとつの解答例です。

　まず、お寿しについては食事代を抑えるという視点からのルールです。ですからデザートはそんなにたくさんは食べられないとしても「『金のお皿は3枚以内』とあるのは、『デザートは3つ以内』と読み替えるものとする」と読替規定を置くことも考えられます。

　しかし、読替規定を置く前に、デザートについてどうするか「政策判断」が入る部分と考えることもできます。一方、ビールの方は食事代を抑えるための理由とお父さんの健康を気遣っての理由があり、「ジョッキ一人1杯のみ」としているのですから、「中瓶1本のみ」とする読替規定は自然なものといえるでしょう。

PART 3
「価値」を意識して法律を読む

第6章

法律の分類を知っておこう

No.1 法の分類とポジションを見つけよう

> 法律を大まかな役割で分類してみよう。分類できれば、それぞれの法律が実現しようとする価値を理解しやすくなる。

分類ができれば法律が理解しやすくなる

「タイプを見極めてアプローチするのが早道」恋愛やセールスではそんなことをいいますが、この鉄則、法律へのアプローチにも当てはまります。

ただし、タイプといっても、法律には「押しに弱い」とか「気が短い」などといった性格があるわけではありません。タイプというのは、その法律が持っている大まかな役割といった方がいいかもしれません。これが「法律の分類」といわれるものです。

第4章で、その法律が実現しようとする価値を知ることが大切だとお伝えしましたが、「法律の分類」は実現しようとする価値によって、法律をおおまかに分けたものなのです。ですから、先に「分類」ができていれば、法律が実現しようとする価値を理解するのも楽になります。

魚を刺身にするには、まず3枚におろしてから切り分けます。「法律の分類」は、条文を理解する前に行うこの作業のようなものといえます。分類は「○○法系の法律だね、きっと！」とサラリと行う作業です。ちょっとした「目のつけどころ」の話だと思って聞いていただければ結構です。

図表10 公法と私法

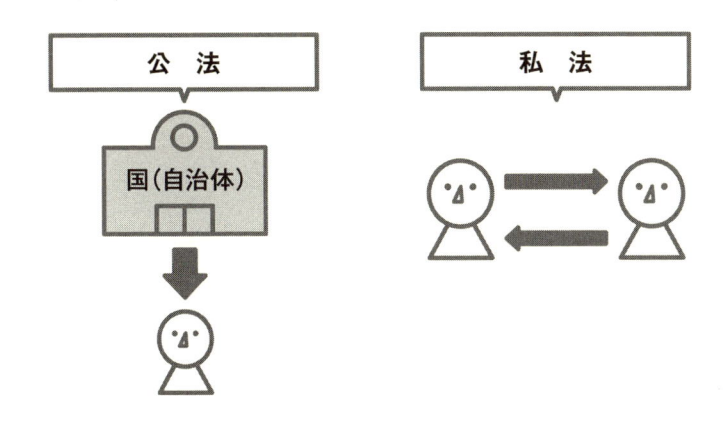

```
┌─ 公 法 ─┐          ┌─ 私 法 ─┐
    ↓                    ↓
  国（自治体）          😀 → ← 😀
    ↓
    😀
```

いろいろある法律の分類方法

　法律の分類方法としてはいろいろありますが、一番よく行われているのが「公法と私法」に分けるものです。

　公法というのは、「国や自治体に関する法律」といってもいいのですが、それでは少し広すぎる気もしますので、「国や自治体の統治権を前提にする法律（条例）」と表現しておきます。私法というのは私人（一般の人や会社）どうしの関係を定めた法律（条例）のことをいいます。

　そのほか、この章では、「実体法と手続法」「一般法と特別法」、そして「基本法」に分類して、アプローチの方法をお話ししようと思います。

◎ポイント 法律でもタイプごとのアプローチが有効です。

No.2 法律を分類してみよう①
公法と私法

> 憲法、行政法、刑法などが公法に当たり、民法、商法などが私法に当たる。それぞれの性質を理解しよう。

公法と私法のイメージを図にすると？

　法律の分類といえば、どの本にも最初に出てくるのが「**公法と私法**」に分けるというものです。イメージ先行で恐縮ですが、公法と私法のイメージを図にすると前ページの**図表10**のようになります。

公法	国（自治体）の統治権を前提にした法律	例）憲法・行政法・刑法・刑事訴訟法
私法	私人（一般の人や企業のこと）どうしの関係を定めた法律	例）民法・商法

公法は「権限の枠」となる法律です

　国（自治体）と国民（住民）との関係を定める法律は、上下関係のイメージです。行政法でいうと、行政が一方的に（相手との合意なしに）、何かを義務付けたり、権利を与えたりすることが「上下関係」とした理由です。税金を課すとか、許可を与えるなどがその代表例です。「いちいち相手と相談しない」というと、高飛車な感じがするかもしれません。しかし、一定の要件が揃った場合に、行政側が権利を与えたり、義務を課すことは効率よく行政を行うため

に必要ですし、公平に行政を行うためにも必要です。ただ、間違えてはいけないのは、行政が「えらい」からこんな一方的な権限を持っているわけではありません。

「こんな人には許可を与えてもいい」とか「こんな場合にはいくらいくらの税金を課していい」と法律や条例を通じて権限を与えたのは、ほかならぬ国民（住民）なのです。行政はそうした国民（住民）に与えられた権限に忠実であろうとするだけです。もし、法律や条例で権限行使できる場面などを決めておかなければ、行政は好き勝手に権限を行使することでしょう。相手と取引して権限を行使したりしなかったりするかもしれません。ですから、法律や条例は、行政が権限を行使する場面や方法などを限定する「枠」ともいえるのです。この枠こそ公法のイメージです。

「大将、おまかせで！」馴染みのお寿司屋でそんな注文のしかたをすることがあります。ただ、初めてのれんをくぐったようなお寿司屋さんで「おまかせ！」なんて注文をする人はいないでしょう。それはそうです。どんなネタが盛られるかわかりませんし、第一、いくら請求されるかわかりません。相当の信頼がない限り「おまかせ」はできないはずです。

　同じように、国などにおまかせで権限を与えることは「危ない」ことです。国や自治体のトップは「私たちが選んだ人」です（総理大臣は直接選んでいませんが議員としては選びました）。しかし、「選んだ人だから、信頼できる」と考えるのはお人好しというものです。「おまかせ」なんていっていると、都合のいいように権限行使される可能性があります。

　ですから、国民は法律で権限を与えるに際して、より具体的な枠をはめるのです。しかも、法律が実現しようとする価値との関係で権限行使できるようにする範囲に限った枠です。

　お寿司屋さんでいえば「大将、トロとイカもらおうか？　でも1万円になったら締めてくれ」なんて注文する感じです。公法は国

（自治体）を治めるための法と考えがちですが、こうした意味から、国などの侵害から国民を守る役割をも果たしています。是非、そうした視点から公法を眺めてみてください。

私法の世界は「自由な世界」に存在する法律

一方、私法は、そもそも「自由な世界」、「フィフティ・フィフティの世界」に存在する法律です。「10万円の税金を払いなさい」と一方的にいわれるのではなく、「10万円お金貸してくれる？」、「いま、持ち合わせがないから5万円ならいいよ」などとやりとりできるのが私人の世界です。ですから、相手が「いや！」といえば相手の自由は守られます。

本来、この私法の世界は私人にまかされた世界です。当事者の意思にしたがって法律関係を作る原則のことを**「私的自治の原則」**といいますが、私的自治にまかされた世界と表現することもできます。だから、本来なら法律が立ち入るのは「野暮」なことです。ただ、最小限の範囲で、お互いの意思が示されていないときに補うための規定（任意規定）や、お互いの意思があっても許されないことを定めた規定（強行規定）が置かれています。

そうはいっても、現代社会では、公法か私法かにスッキリ割り切れない法律も登場してきています。私法ではないけれど、本来の公法のイメージに合わない**「社会法」**と呼ばれるものがそれです。お金を貸す場面、何か買い物をしようとする場面、働こうとする場面などで、さまざまな私人の自由に口をはさんでくる（いい意味ですが……）のが社会法です。この話はのちほど、ゆっくりお話ししましょう。

◎ポイント 公法は国などの侵害から国民を守る役割も果たしています。私法は私人の自由を前提に作られています。

法律を分類してみよう②
実体法と手続法

> 民法、刑法が実体法に当たり、民事訴訟法、刑事訴訟法が手続法に当たる。それぞれの関係を理解しよう。

実体法、手続法とはどんな法律なのか

　おまんじゅうをひと箱買ったら、小さなカードが入っていました。「当たり！　おまんじゅうをもうひと箱プレゼント」とあります。そのカードの裏には「送付先を明記の上、カードを葉書にはって弊社までお送りください」とあります。

　権利義務の発生や消滅など法律関係の内容について規定されている法律を「実体法」といい、権利や義務など法律が定める内容を実現するための手続を定めた法律を「手続法」といいます。

実体法	権利義務の発生や消滅など法律関係の内容について定める法律	例）民法・刑法
手続法	権利や義務など法律が定める内容を実現するための手続を定めた法律	例）民事訴訟法・刑事訴訟法

　「おまんじゅうをもうひと箱プレゼント」の例でいえば、「おまんじゅうをプレゼント」とある部分が実体法であり、裏側のおまんじゅうをもらうために必要なことが書かれている部分が手続法のイメージです。

具体的な法律名を挙げるなら、「民法」は実体法で、「民事訴訟法」は手続法です。
　隣の家は数カ月、ドバイに出かけています。その間に、台風が来て屋根に穴があいてしまいました。隣人がこの穴をふさいでくれたとすると、民法697条でいうところの「事務管理」が成立します。

●民法

> （事務管理）
> 第697条　義務なく他人のために事務の管理を始めた者（以下この章において「管理者」という。）は、その事務の性質に従い、最も本人の利益に適合する方法によって、その事務の管理（以下「事務管理」という。）をしなければならない。
> 2　略

　事務管理というのは、法律上は義務がない者が他人のために事務処理をすることをいいます。この場合、事務管理をした人はかかった費用を本人（隣の家の人）に請求することができるのですが、こうした権利（債権）が発生するのは、民法の規定が根拠となります。
　ところが、ドバイから帰ってきた人が「別に穴があいたままでよかったんだけどなぁ」とか「知り合いの工務店に頼めばもっと安くしてくれたのになぁ」などといって、なかなか費用を払ってくれません。ドバイに数カ月も行くくらいのお金持ちなのにひどい話です。
　こんなとき、費用を負担した隣人は、裁判を通じて「費用を請求できる権利」（これを「債権」といいます）を確認することができます。この手続が「民事訴訟法」という法律に規定されています。
　債務があることが明らかになれば、普通は支払うものですが、それでも支払わない場合には、強制的に執行するしかありません。そ

の手続を定めた法律に「民事執行法」がありますが、民法から見れば、民事執行法も手続法のひとつといえます。

刑法と刑事訴訟法との関係も実体法と手続法の関係にあります。殺人罪や窃盗罪など、罪やその罪に科される刑が定められているのが「刑法」で、罪を明らかにして刑を科す手続が定められているのが「刑事訴訟法」だからです。

実体法と手続法との関係は？

よく実体法と手続法との関係の説明には、この民法と民事訴訟法、刑法と刑事訴訟法の例が挙げられています。実体法と手続法が対で存在することが、とてもわかりやすいからです。

しかし、実体法と手続法は、いつも対で存在するものではありません。たとえば、行政法で許可制度を定めた法律がたくさんあります。これは許可という権利を与える実体法ということになります。食べ物屋さんをするのは、食品衛生法で都道府県知事の許可が必要だと規定されています。「食品衛生法」は実体法です。では、この場合の手続法にはどんな法律があるでしょうか？

一般に許可などの「行政処分を見直して！」という手続を定めた法律に「行政不服審査法」があります。また、裁判所に「行政処分

を取り消して！」と求める手続を定めた法律に「行政事件訴訟法」があります。また、許可が取り消されるなど不利益な処分をされる前には、あらかじめ「不利益処分を受けようとする者から『言い分を聴く』手続」が「行政手続法」に定められています。こうした法律はみんな手続法に当たります。

　というのは、食品衛生法には独自に「不許可を見直して！」というような手続は定められていません。また、許可を取り消すときの「言い分を聴く」手続も独自に置かれていません。食品衛生法だけではなく、いろいろな法律に規定されている許可などの処分一般に対応した手続法として、行政不服審査法や行政手続法があるのです。

　ともかく、権利義務の発生や消滅などの内容について規定されているのが実体法で、何か法の内容を実現しようとするのが手続法と考えればいいのです。

　さらに、もうひとつ、几帳面な人にはスッキリしないかもしれませんが、実体法と手続法はきれいに分類できるとばかりは限らないのです。ひとつの法律にそれぞれの要素がある場合もあります。たとえば、行政事件訴訟法は取消訴訟の手続を定めた手続法ですが、同時に「どんな人が取消訴訟を起こすことができるか」などについても定めています。その意味では実体法としての性格もあります。

　◎ポイント　権利義務の内容を定めたのが実体法。権利義務の実現手続を定めたのが手続法です。

実体法を読み解く楽しさを知ろう

利益調整の「塩梅」を理解できれば条文の解釈ができるようになる。
法律を読み解く楽しさを感じてみよう。

「その法律が大切にしている価値」を読もう

　さて、この本が掲げている「その法律が大切にしている価値を読む」こととの関係です。実体法は権利を与えたり、義務を課したりなどする法律なので、「なぜ、そうしたのか」というなかに価値を見出すことができます。

　先ほどの事務管理でいえば、当事者の意思を大事にする民法の考え方からすれば、事務管理なんて「大きなお世話」と映るかもしれません。屋根に穴があいた家の持ち主は「その穴をふさいでください」なんてひと言もいっていないのですから。

　確かに、「義務なく」なされるのが事務管理ですから、他人の干渉を招くことにもつながります。しかし、社会はお互いに助け合うことで成り立っている面も忘れてはいけません。もし、他人がしたことであっても、本人の意思や利益に沿うことであれば、否定する必要はないということになります。これが民法で事務管理を認めた理由です。あとは「塩梅（あんばい）」だけの問題です。

　事務管理を広く認めると他人への干渉を招きますが、反対に事務管理を認めないと「お互いに助け合う」という考え方を否定してしまうことになります。そこで、本人の意思や利益に重きを置きながら事務管理を制度化したのです。民法697条1項の「その事務の性

質に従い、最も本人の利益に適合する方法によって、その事務の管理をしなければならない」という部分にそれが現れています。ドバイに行くぐらいのお金持ちだからといって、金箔をはった板で屋根の穴を塞いでおこうとか、環境に配慮して塞いだ場所に太陽電池を載せておくなんてもってのほかです。しばらくの間、雨が入らないように最小限の補修としなければならないのです。

●民法

> （事務管理）
> 第697条　義務なく他人のために事務の管理を始めた者（以下この章において「管理者」という。）は、その事務の性質に従い、最も本人の利益に適合する方法によって、その事務の管理（以下「事務管理」という。）をしなければならない。
> 2　略
>
> （管理者による費用の償還請求等）
> 第702条　管理者は、本人のために有益な費用を支出したときは、本人に対し、その償還を請求することができる。
> 2・3　略

ロジカルシンキングの楽しさとは？

　このように、民法では、事務管理が成立するための要件を絞り込むことで、民法の大切にしている価値である「私的自治の原則」との間で利益調整を図っているのです。

　実体法では、そこで定められている権利や義務などが法律の実現しようとする価値との関係でどのような意味があるのか、また、どのような調整がなされているのかを想像する楽しさがあります。

　「楽しさ」といったのは皮肉ではありません。利益調整の「塩梅」

を理解することで、条文の解釈ができるようになるからです。計算結果を覚えるのは楽しくないでしょうが、計算式を理解して計算できるようになるのは「楽しい」ものです。少しそれに似ています。

　では、どうして学者の解釈にいろいろあるのでしょうか。また、解釈だけではなく、解釈の「結果」さえ異なってしまうのはどうしてなのでしょう。それは「計算式」が異なっているからなのです。法律が大事にしている価値の読み取り方が違っていたり、利益調整したときの重きの置き方が違うからなのです。

　A説をとれば○○という結果が導かれ、B説をとると△△という結果が導かれる。こうした論理的な計算式を組み立てながら結論を導くことを「**ロジカルシンキング**」といいます。ロジカルシンキングはとても楽しいものですし、単に楽しいだけでなく、楽しんでいるうちに論理性が身につくのですからたまりません。実体法にはそうした解釈の広がりと楽しさがあります。

◎ポイント 実体法では、定められている権利義務が実現しようとする価値との関係でどんな意味があるのか想像する楽しさがあります。

No.5 手続法が大切にする価値を読み解こう

> 手続規定にも、その手続の理由を「法律が実現しようとする価値」との関係で理解するという楽しみ方がある。

手続の理由を理解するという楽しみ方

　実体法の解釈の広がりと楽しさについて述べてきましたが、残念ながら手続法には解釈の幅がありません。淡々と手続が規定されているわけですから、それはしかたありません。

　しかし、そんな淡々とした手続規定であっても、その手続の理由を「法律が実現しようとする価値」との関係で理解するという楽しみ方があります。

　たとえば、行政手続法は行政庁が不利益処分をしようとするときに、その相手から「言い分を聴く」手続を定めています。許可をはく奪するとか、資格を失わせるような重い不利益処分のときには「聴聞(ちょうもん)」という手続が、それ以外の比較的軽い不利益処分をしようとするときには「弁明の機会の付与」という手続が定められているのです。どちらも「言い分を聴く」という点では同じですが、手続の「丁寧さ」が違います。

　聴聞の手続は少し裁判みたいです。聴聞の場に出頭すると、そこには不利益処分をしようとする行政側も出席しています。そして、直接、「言い分」を述べることができるのです。聴聞に先立って、どんな不利益処分が予定され、その原因は何かについて通知されていますから、聴聞では、それらに対する不満を述べることになるで

図表11 聴聞と弁明の機会の付与

	「言い分を聴く」手続	手続の特徴
重い 不利益処分の 場合	丁寧な手続 ➡ 聴聞	期日に出頭し「言い分」 を直接述べることがで きる
比較的軽い 不利益処分の 場合	簡単な手続 ➡ 弁明の機会の付与	書面（弁明書）を 提出する

しょう。

　たとえば、2度目の食中毒を出した弁当屋さんに食品衛生法に基づく許可の取消しが予定されていたとします。お弁当屋さんの主人は「うちの弁当が原因ではない」とか「うちの弁当が原因であっても、問題があるのは鶏のから揚げで、それは隣の総菜屋が作ったものだ」などというわけです。ときには「心を入れ替えるから今回だけは処分しないでくれ」と嘆願するかもしれません。

　なお、弁明の機会の付与の手続は基本的に「言い分」を弁明書という書面に記載してそれを提出することで行われます。

聴聞の相手に 通知される こと	・予定される不利益処分の内容や根拠となる法令の条項 ・不利益処分の原因となる事実 ・聴聞の期日及び場所 ・聴聞に関する事務を所掌する組織の名称及び所在地

　こうした手続の意味は、行政手続法の目的規定と見比べて理解したいものです。行政手続法1条の目的規定には次のようにあります。

●行政手続法

> （目的等）
> 第1条　この法律は、処分、行政指導及び届出に関する手続並びに命令等を定める手続に関し、共通する事項を定めることによって、行政運営における公正の確保と透明性（行政上の意思決定について、その内容及び過程が国民にとって明らかであることをいう。第46条において同じ。）の向上を図り、もって国民の権利利益の保護に資することを目的とする。
> 2　略

当たり前のことですが、誤った不利益処分がなされたときの救済は、「あとでなされる」のが普通です。ところが先に誤った処分を避けられれば行政への信頼は上がるし、国民の権利や利益が侵されることもありません。

誤った不利益処分をしないために

少しプロっぽい話になりますが、憲法31条は刑罰を科す場合には「適正な手続によらなければならない」ことを定めています。むやみに罪におとしめられることがないように、「罪となることがらが法律に定められていなくてはならない」とか、「法律に定めた手続にしたがい弁明の機会が与えられなくてはならない」などの内容が定められているのです。

●憲法

> 第31条　何人も、法律の定める手続によらなければ、その生命若しくは自由を奪はれ、又はその他の刑罰を科せられない。

この31条は、刑罰を科す場合についてだけ述べているようですが、この考え方は行政が不利益処分を行うときにも当てはまるもの

とされています。「言い分を聴く」ことで、国民の権利を保護すると同時に、誤った不利益処分をしないようにする歯止めにもしようというのです。広い意味で国民の権利を守るためのしくみといえます。

　先ほど、「先に、どんな不利益処分が予定され、その原因は何かについて通知されています」とサラリといいました。行政手続法15条1項にそうした通知を義務付ける規定があるのですが、この通知という手続も、「言い分を聴く」という手続を有効に働かせるものなのです。不利益処分の原因とされることがわかれば、それに対して効果的な反論を用意することができるからです。

　さらにいえば、不利益処分がなされたあと、処分を受けた者が「不服申立て」や「取消訴訟」で争うこともあるでしょう。そのときにも、不利益処分の原因を知っていれば、自らの主張を有効に行うこともできるはずです。

　手続の意味を法律の実現しようとする価値との関係で理解するということを感じていただけたでしょうか？　淡々とした手続規定が並ぶ手続法は、条文の解釈をさぐるという意味での広がりはありませんが、その手続の意味を考えることで理解を深めることはできるものです。

◎ポイント　手続を覚えるだけではもったいないです。その手続の意味を実現しようとする価値との関係であれこれ思い描きましょう。

法律を分類してみよう③
一般法と特別法

> 一般法は広く一般的な規定をいい、特別法は特別な対象などに限って適用される法律のことをいう。

一般法というのは広く一般的な規定

　一般法というのは、広く一般的な規定をいいます。特別法というのは、特別な人、特別な対象、特別な時期などに限って適用される法律のことをいいます。第2章で、「民法が一般法であり、商行為だけの特別なルールである商法がその特別法である」といいましたが、これは「特別な対象」についての特別法です。

　特別法を読み解く技術は、法律を読むうえでとても重要なスキルです。しかも、ちょっとした「コツ」みたいなものがあります。『法律を読む技術』でも詳しくお話ししましたが、この本でも別な例を引きながら、特別法を見る視点をお話ししようと思います。

特別法の「見つけ方」を知ろう

　「私って、人見知りするところあるじゃないですか……」初対面の人にそんな風にいわれることがあります。へんてこな日本語のようですが、どうしてどうして、合理的な会話術かもしれません。
　「私、実は、人見知りが激しいのです。この間も……」と説明するより、スムーズに本論に導く感じがあります。聴く側からすれば「この人は人見知りなのか」とそれなりの対応をとることができます。

特別法を合理的に読むには、まず「この法律は特別法である」ということを見抜いて身構えることから始めなくてはなりません。そこで、特別法を示すシグナルをいくつか紹介しましょう。

まず、題名から判断できる場合があります。題名に「特別」・「特例」の文字があれば、それは特別法のシグナルです。これはもうお話ししました。この場合にはその法律全体が別な法律の特別法であることを示しています。

こうした「まるごと特別法」は見つけやすいのですが、見つけにくいのは、条文の一部だけが特別法となっている「ちょこっと特別法」ともいうべきものです。一般法の一部の規定が入れ替わっていたり、一般の規定に一部追加されていたりするのがこの特別法のイメージです。

いずれにしても特別法を見抜くには条文の文言を注意深く読むしかありません。たとえば、次のような条文の表現があります。

●消費者契約法

（他の法律の適用）
第11条　消費者契約の申込み又はその承諾の意思表示の取消し及び消費者契約の条項の効力については、**この法律の規定によるほか、民法及び商法の規定による。**
2　略

この場合、この消費者契約法が「特別法」で、民法や商法が「一般法」ということになります。

また、次の場合には、歳費法（国会議員の歳費、旅費及び手当等に関する法律）や国会法の規定にかかわらずとあるのですから、国会議員の歳費の減額を定めたこの法律が「特別法」で、歳費法や国会法が「一般法」となります。

● 平成二十三年東北地方太平洋沖地震等による災害からの復旧復興に資するための国会議員の歳費の月額の減額特例に関する法律

> （国会議員の歳費の月額の減額特例）
> 第2条　議長、副議長及び議員の歳費の月額は、**歳費法第1条及び国会法（略）第35条の規定にかかわらず**、歳費法第1条に規定する額からそれぞれ50万円を減じて得た額とする。
> 2　略

◎ポイント　まずは特別法であるシグナルを探すことに上手になりましょう。特別法の読み解きはそこから始まります。

← ここ特別法

No.7 特別法の論理的な「読み方」を練習しよう

> 特別法は、それだけ読んでも内容がわからないのが普通。特別法の論理的な読み方を練習してみよう。

特別法の論理的な「読み方」①

　特別法は、一般法の一部についての「例外」を定めたということができるのですから、特別法だけ読んでもその内容がわからないのが普通です。そこが特別法を理解する難しさなのです。ここで特別法の論理的な読み方の練習をしてみましょう。

　次の発言は、ある会社の社長の発言です。AとBの違いを意識してみましょう。なお、この会社の基本的な始業時間は午前9時、終業時間は午後6時となっています。

A：6月より10月まで、わが社でもサマータイムを導入しようと思います。この間、始業時間は午前8時、終業時間は午後5時とします。

B：6月より10月まで、わが社でもサマータイムを導入しようと思います。この間、終業時間は午後5時とします。

　Aは、もちろん、始業時間・終業時間ともまるまる1時間前倒しになるという意味です。では、Bはどうかというと、始業時間については何も触れていないのですから、サマータイムが導入されている間は終業時間だけが1時間早まると理解できます。始業時間につ

いて社長は何もいっていませんが、社員なら午前9時始まりであることはみんな知っているはずです。

　特別法の読み方の難しさは、Bのような場合なのです。というのは、「××法第△条の規定にかかわらず、○○する」と表現されている場合には、いわば、どの法律のどの条文が適用されず、その代わりどの条文が適用されるか明らかになっているといえますが、Bのように「あとはわかっているでしょ？」と説明をしない場合があるのです。

　たとえば、次の条文はどこにでもある罰則規定ですが、その意味を正確に読めるでしょうか？

> 第○条　第△条の規定に違反した者は、1年以下の懲役又は50万円以下の罰金に処する。

　実は、この規定の本当の意味は、以下のようになります。

> 第○条　第△条の規定に違反した者は、**1月以上**1年以下の懲役又は**1万円以上**50万円以下の罰金に処する。

　この理由は、刑罰の基本を定めた刑法に、次のような規定があるからです。

●刑法

> （懲役）
> 第12条　懲役は、無期及び有期とし、**有期懲役は、1月以上20年以下とする。**
> 2　略
>
> （罰金）

> 第15条　**罰金は、1万円以上とする**。ただし、これを減軽する場合においては、1万円未満に下げることができる。

特別法の論理的な「読み方」②

　さて、もうひとつ特別法の読み方です。こちらは、中上級者向けです。以前、耐震偽装で問題を起こした建築士がいましたが、建築士法では、法令違反の行為をした建築士に対して懲戒処分（こらしめること）を行うことが定められています。

●建築士法

> （懲戒）
> 第10条　国土交通大臣又は都道府県知事は、その免許を受けた一級建築士又は二級建築士若しくは木造建築士が次の各号のいずれかに該当する場合においては、当該一級建築士又は二級建築士若しくは木造建築士に対し、**戒告し、若しくは1年以内の期間を定めて業務の停止を命じ、又はその免許を取り消すことができる**
> 　一・二　略
> 　2〜6　略

　その懲戒処分は、軽い方から、「戒告」、「業務の停止」、「免許の取消し」の順になります。もちろん、どれも不利益処分になりますので、これらの懲戒処分を行うとするときには必ず「言い分を聴く手続」を行わなければなりません。そして、その手続は行政手続法という法律に定められています。
　問題はどのような「言い分を聴く手続」を行うかです。お話ししたように、重い不利益処分なら「聴聞」が、軽い不利益処分には「弁明の機会の付与」が行われます。行政手続法13条1項に基づく

と、**図表12**のように整理ができます。

ところが、建築士法10条には、次のような2項があります。

●建築士法

> （懲戒）
> 第10条　略
> 2　国土交通大臣又は都道府県知事は、前項の規定により業務の停止を命じようとするときは、**行政手続法**（略）**第13条第1項の規定による意見陳述のための手続の区分にかかわらず、**聴聞を行わなければならない。
> 3～6　略

「行政手続法第13条第1項の規定による意見陳述のための手続の区分にかかわらず」とあるのですから、まさしく、「言い分を聴く」手続の特別法です。建築士法10条2項では、行政手続法の規定で「弁明の機会の付与」ですますことができるはずの「業務の停止」についても、手厚い「聴聞」を行わなければならないと規定されています。

「業務の停止」は、一定期間、業務ができないだけですから、なるほど、直接的な不利益はさほど大きくないかもしれません。しかし、建築士としてのイメージ低下は避けられません。商売において信用をなくすことを「のれんにキズがつく」といいますが、まさに建築士としてのれんにキズがつく処分なのです。そこで、「本人より丁寧に言い分を聴くことにした」。これが建築士法10条2項の規定の趣旨なのです。

　建築士法を踏まえると「言い分を聴く」手続は**図表13**のようになります。なお、建築士法には「免許の取消し」を行う際に「聴聞」を行うとは規定されていませんが、「免許の取消し」は重い不利益処分なので、行政手続法の規定から当然に「聴聞」が必要になります。

図表12 行政手続法通りの「言い分を聴く」手続

弁明の機会の付与	聴聞
「戒告」・「業務の停止」 ＝ 比較的軽い不利益処分	「免許の取消し」 ＝ 重い不利益処分

図表13 聴聞と弁明の機会の付与

	聴聞	弁明の機会の付与
行政手続法 （一般法）による 「言い分を聴く」手続	「免許の取消し」	「戒告」・ 「業務の停止」
建築士法（特別法）を 踏まえたうえでの 「言い分を聴く」手続	「業務の停止」・ 「免許の取消し」	「戒告」

◎ポイント 特別法は「あとはわかっているね？」と説明していない部分の読み解きがカギになります。「答え」は一般法に書かれています。

No.8 「基本法」とは どんな法律なのか?

> 基本法とは、政府の施策の基本や方向性などを定めた法律。
> ここでは食育基本法を例にとって基本法に触れてみよう。

この頃、流行りの「基本法」

　法令の世界にも流行りというものがあります。法律の分類の最後は、ここ20年、トレンドともなっている基本法というものについてお話しします。

　基本法というのは、政府の施策の基本や方向性などを定めた法律をいいます。「○○基本法」という名前のものだけでもすでに40本あります。

　基本法の珍しいところは、直接、国民の権利や義務に関わるものが規定されていないことです。公法の役割は国民の権利を制限したり義務を課したりする権限を国に与えるとともに、その権限に枠をはめるということがあります。ところが、基本法についてはそうした内容がありません。基本法をイメージしてもらうために、食育基本法の目次と目的規定を挙げておきます。

●食育基本法

目次
　前文
　第1章　総則（第1条〜第15条）
　第2章　食育推進基本計画等（第16条〜第18条）

第3章　基本的施策（第19条〜第25条）
　　　第4章　食育推進会議等（第26条〜第33条）
　　　附則

　　（目的）
　　第1条　この法律は、近年における国民の食生活をめぐる環境の変化に伴い、国民が生涯にわたって健全な心身を培い、豊かな人間性をはぐくむための食育を推進することが緊要な課題となっていることにかんがみ、食育に関し、基本理念を定め、及び国、地方公共団体等の責務を明らかにするとともに、食育に関する施策の基本となる事項を定めることにより、食育に関する施策を総合的かつ計画的に推進し、もって現在及び将来にわたる健康で文化的な国民の生活と豊かで活力ある社会の実現に寄与することを目的とする。

基本法の必要性とデメリット

　「直接、国民の権利や義務に関することが定められていないのなら、法律など定める必要がないし、定めるべきではないのでは？」と思う人もいることでしょう。

　もちろん、そうした意見もありますが、基本法は「発想の転換」というべきものから生まれた法律なのです。

　たとえば、「ブラジャー」は何のためにあるのかというと（きっといろいろな意見があると思いますが、教科書的にいうと）、「胸のラインを整え美しく見せる」ということだろうと思います。余分なお肉を集めるいわゆる「寄せてあげる」ことも、少しバストアップしたように見せるブラだって、広い意味ではそのためのものです。

　ただ、もっと考えれば、「胸を実際より小さく見せるブラ」だって求めている人がいるはずです。「美しく見せる＝大きく見せる」

ではありません。「まぁ、贅沢な悩み！」などといわれやしないかと、その声は大きくないかもしれませんが、悩みに贅沢も贅沢でないもありませんし、第一、「美しく見せたい」ということでは何の変わりもないはずです。少し発想を豊かにすると、いままでの「当たり前」を超えることがあります。

　法律、特に公法の目的が行政の権限を一定の枠の中に封じ込めることにあるなら、そもそも行政の活動自体を一定の方向付けすることも法律の役割なのかもしれません。それも大きな枠のなかに囲い込むことでは同じだからです。行政活動の方向付けは、行政の優先順位をはっきりさせ、その効率化にも役立ちます。また、住民や企業などの協力が得られやすい環境を作ることにも役立ちます。

　ただ、その一方で悪いこともあります。いろいろな形で法律が増え、人々の生活に立ち入ってきます。食育基本法でも議論されましたが、ときには国民に「大きなお世話」を押しつけることになりかねません。

　ちなみに食育基本法の審議では次のような質疑がありました。

> **小宮山（洋）委員**　環境整備といっても、これはやはり基本法という、私が最初に申し上げているように、基本法というものは重いものだと思っています。その中で、「国民の責務」として、「生涯にわたり健全な食生活の実現に自ら努めるとともに、食育の推進に寄与するよう努めるものとする」と。これはやはり私は踏み込み過ぎで、余計なお世話という感じが大変いたします。
> （食育基本法の審議のなかでの小宮山洋子議員の質疑／第162回国会　衆議院内閣委員会　第7号／平成17年4月6日）

心配なのは法律の本来の役割が見失われること

　さらに、何より心配なのは、法律の本来の役割が見失われてしま

うことです。お話ししたように、法律の役割は行政に与えられた権限の枠を決めることです。行政はこれを踏み外すことはできませんし、必ず法律にしたがって行政を行わなければなりません。しかし、「行政活動の方向性」を定める法律などが増えると、「法律で書いていることなんて一種の目標なんだ」などと行政も国民も思うようになるかもしれないのです。

　法律で縛られていることの重さを行政が意識しなくなると、法律の枠を乗り越えて、国民の権利を制限したりするようになるかもしれません。また、そうした状況を国民も「しかたない」と思ってしまうかもしれません。そうした感覚が生まれることがとても心配になります。「本来、規定すべきことだけ法律に規定する」という考え方もやはりよくわかるのです。

　流行はしばらく経ってみないと評価はできないものです。評価はともかくとして、基本法というものの存在だけは覚えておきましょう。

　なお、自治体には同様に〇〇基本条例という条例が存在することがあります。これも基本法の自治体版のようなものだと思えばいいでしょう。自治体では、憲法がないことから、その自治体が重要視する理念などを定めた自治基本条例というものを定めることもあります。すでに250以上の自治体が自治基本条例を定めているとのことです。

◎ポイント 基本法は権利義務に関する定めがない法律です。その意味では特殊な法律といえるでしょう。

PART 3
「価値」を意識して法律を読む

第 7 章
法律の世界地図を描こう

No.1 法律の世界を4つのゾーンに分ける

> 法律の世界を4つのゾーンに分けて俯瞰してみよう。それぞれのゾーンの性格を知ることで法律への理解が深まるはず。

法律の世界地図を描いてみよう

　さて、いろいろな法律の分類を見てきましたが、これをひとつの地図として示すことができればどんなにいいことでしょう。

　いろいろ詳しく説明させた挙げ句、「君、それ図にできないか？」と無茶振りする上司はどこにでもいるものです。読者のみなさんはそんな上司ではないと思いますが、期待（⁉）に応えて、「えいやっ！」と**図表14**を作ってみました。

　「えいやっ！」の気合が必要だったのは、実際にはそんな地図は描けっこないからです。法律の分類はいくつもあるわけだし、それぞれの法律がいくつかの分類にまたがることだってあります。ただ、公法か私法かという切り口を軸にすると、なんとなく法律の世界地図のようなものを作ることができました。

　図を見ていただければわかりますが、法律の世界地図は大きく、「憲法ゾーン」「公法ゾーン」「社会法ゾーン」「私法ゾーン」の4つに分けることができます。

　それでは、この地図をもとに「それぞれのゾーンはどのような理由で分けられたのか」、また、「それぞれのゾーンにはどのような法律があるのか」をお話ししていくことにしましょう。

図表14　法律の世界地図はこうなっている

ゾーン1	ゾーン2		ゾーン3
公法	社会法 （労働法）	社会法 （経済法）	私法
憲法			

まず、最初に憲法です

　まず、最初にご紹介するのは憲法です。憲法はどのゾーンにも位置付けられない法令です。すべての法令のよって立つベースになるものだからです。その証拠に憲法には次のような条文があります。

●憲法

> 第98条　この憲法は、国の最高法規であつて、その条規に反する法律、命令、詔勅及び国務に関するその他の行為の全部又は一部は、その効力を有しない。
> 2　略

　国（自治体）と国民（住民）との関係を中心とする公法が憲法の考えに基づくことは当たり前ですが、私法については憲法がどんな形で影響を及ぼすか、イメージしにくいかもしれません。私法は私人どうしの自由を前提に成り立っているからです。
　ただ、憲法が私人どうしの関係にまったく関係ないというわけではありません。たとえば、前にも紹介しましたが、男女別に異なる

定年を定めた就業規則が民法 90 条に違反して無効とされた事件がありました。

●民法

> （公序良俗）
> 第 90 条　公の秩序又は善良の風俗に反する事項を目的とする法律行為は、無効とする。

男女で定年を違えることが「公の秩序又は善良の風俗に反する」とされたのですが、それは憲法 14 条の「法の下の平等」に反するからです。こんな風にして、憲法は前面に出ることはなくとも民法の規定を通じて影響を与えているといえます。

●憲法

> 第 14 条　すべて国民は、法の下に平等であつて、人種、信条、性別、社会的身分又は門地により、政治的、経済的又は社会的関係において、差別されない。
> 2・3　略

◎ポイント　憲法はすべての法令のよって立つベースになるものです。私法といえども無関係ではありません。

公法ゾーンを読む①
国の刑罰権に関わる法律

> 公法は3つのエリアに分けて考えてみよう。最初は刑法を中心とした国の刑罰権に関わる法律を見てみよう。

「公法ゾーン」は3つのエリアに分けられる

　公法については「国や自治体の統治権を前提にする法律」と整理できます。国や自治体は国民や住民からまかされて国や地方を治めていますが、それを統治権といいます。ここでは、その統治権を前提にする法律を公法と呼ぶことにしましょう。

　ですから、国や自治体がしていることであっても、たまたま民間企業と同じポジションに国や自治体があるだけなら、公法によって与えられた関係（公法関係）とはいえません。

　たとえば、市営地下鉄での市と乗客との関係を考えてみましょう。別に、市営だろうが、東京メトロ（民間）だろうが、変わりはないはずです。市営地下鉄の市と乗客との関係が公法関係で、東京メトロと乗客の関係が私法関係というのはへんてこです。どちらも契約（運送契約）で結ばれた関係なのですから、私法関係と整理するのがいいでしょう。しかし、法律や条例に基づき「営業を許可する」なんて行為は国や自治体だからできることです。国や自治体と許可を受ける者との関係は公法関係ということができます。

　さて、そんな公法を3つのエリアに分けて考えてみたいと思います。

図表15　公法ゾーンの構造

ゾーン1（公法）		
おしおきエリアの法律	国の基本的なしくみを定めた法律 **憲法附属法**	行政法

おしおきエリアの実定法

　まず、「おしおきエリア」です。刑法を中心として、国の刑罰権に関わる法律がいくつかあります。これらの法律は最も公法らしい法律といえます。

　もう、説明の必要はないかもしれませんが、罪となる行為や刑罰について定めているのが「刑法」です。ただ、罪となる行為と罰則が規定されているのは刑法だけかというとそうではありません。軽い犯罪については、その名もズバリ「軽犯罪法」という法律があります。「お風呂をのぞき見した」とか「学位を詐称した」などはこの軽犯罪法違反となります。

　このように、刑法や軽犯罪法には、罰則がある程度まとまって規定されているわけですが、罰則に関する規定はさらにあります。この軽犯罪法1条21号をよくみると、「削除」と書かれていますが、昭和23（1948）年の制定時には次のような条文がありました。

> 二十一　牛馬その他の動物を殴打し、酷使し、必要な飲食物を与えないなどの仕方で虐待した者

昭和48（1973）年に「動物の保護及び管理に関する法律」（現在の「動物の愛護及び管理に関する法律」）が制定されたときに、動物虐待に関する罰則がそちらに移ったのです。このように、罰則が定められている法律はほかにもあります。

刑法や軽犯罪法は「横浜ラーメン博物館」みたいなもの

　たとえていうなら、刑法や刑犯罪法は罰則界における「横浜ラーメン博物館」みたいなものです。ラーメン博物館にはおいしいラーメン店が集まっていますが、おいしいラーメン店はそこだけではありません。各地にあるラーメン専門店や中華料理店でも絶品ラーメンはたくさんあります。また、「普通の定食屋さんなのにラーメンがすごくうまい！」ということもあるでしょう。

　こうした事情は罰則規定も同じです。まず、刑法のほかにも、一定の「よろしくない」行為をやめさせようとする法律には、当然、罰則が置かれています。「航空機の強取等の処罰に関する法律」、「未成年者飲酒禁止法」などがそれです。

　また、行為の禁止やその罰則以外の規定も含まれていますが、「ストーカー行為等の規制等に関する法律」や「児童買春、児童ポルノに係る行為等の処罰及び児童の保護等に関する法律」もこうした法律に含めていいでしょう。

図表16 おしおきエリアの実定法と手続法

おしおきエリアの実定法

刑法	罪や刑罰の種類などについて定める法律
軽犯罪法	その名の通り、軽い犯罪について定める法律
航空機の強取等の処罰に関する法律	ハイジャック行為（暴行や恐喝で航行中の航空機を乗っ取る行為）の処罰を定めた法律
未成年者飲酒禁止法	未成年者の飲酒の処罰を定めた法律
ストーカー行為等の規制等に関する法律	ストーカー行為に対する罰則を含めストーカー行為に対する規制などを定めた法律
児童買春、児童ポルノに係る行為等の処罰及び児童の保護等に関する法律	児童買春や児童ポルノに関する行為の処罰やこれらの被害者となった児童の保護のための措置を定めた法律

おしおきエリアの手続法

刑事訴訟法	刑罰を科す手続（刑事裁判）について定める法律
裁判員の参加する刑事裁判に関する法律	裁判員裁判の手続などを定めた法律

「動物の愛護及び管理に関する法律」のように、それぞれの法律で定める目的を達成するためにも罰則は置かれますし、世の中の善悪とは離れて、ただ行政上の目的を達成するために罰則が置かれることさえあります。届出をしない場合の罰則規定などはこの例に当たります。

たとえば、労働基準法89条では常時10人以上の労働者を使用する者に就業規則を作成し、行政官庁に届け出ることを義務付けています。労働基準法では、必要な就業規則を作成しない者ばかりでなく、作成をしても届出をしない者に対しても30万円以下の罰則が科されるのです。

就業規則というのは、その事業場で働く労働者の労働条件などを定めた細かいルールのことです。行政へ届出をして初めてルールとして認められるというわけではありません。しかし、届出がされて

いれば行政として必要な指導などをスムーズに行えるため、作成だけではなく届出義務も課しているというわけです。

このように刑法以外にも、個別の法律に置かれた罰則規定はたくさんあります。法律の世界では、こうした罰則のことを「刑法の特別法みたいなもの」という意味で「**特別刑法**」と呼びます。刑法や軽犯罪法、そして特別刑法は、刑罰に関する実体法といえます。

おしおきエリアの手続法

また、おしおきエリアの法律として、刑罰を科す手続を定めた法律も忘れてはいけません。

「刑事訴訟法」はすでにお話ししましたが、その特別法として「裁判員の参加する刑事裁判に関する法律」があります。一部の重大な犯罪を地裁で裁く場合には、裁判官とともに有権者から選ばれた裁判員が裁く裁判員裁判が行われるのです。

◎ポイント　公法のうち、「おしおきエリア」の法律には、刑法など罪となるべき行為や刑罰を定めた実体法もあれば、刑事訴訟法など罪を科す手続を定めた手続法もあります。

公法ゾーンを読む②
国の基本的なしくみを定めた法律

> 「国の基本的なしくみ」を定めた法律には、「憲法附属法」といわれるものがある。どんな法律なのか具体的に見てみよう。

国の基本的なしくみを定めた「憲法附属法」

次は、「国の基本的なしくみ」を定めた法律です。まず、「**憲法附属法**」といわれるものがあります。憲法が定める基本権人権の保障や統治のしくみに関する規定を直接実現する法律群のことをそう呼ぶのです。ただ困ったことに、では、どの法律が憲法附属法なのかということになると、主張する学者などによってバラつきがあります。「ラーメンの名店を10軒挙げてください」とラーメン好きに尋ねてもバラつきがあるのと同じです。ラーメン店の場合には、たぶんに「味の好み」に左右されるのでしょうが、憲法附属法の場合にも、選ぶ学者などの価値観や自らの研究テーマに左右されるような気がしています。ただ、誰でも憲法附属法として挙げるものとしては次のような法律があります。

> 内閣法・国会法・裁判所法・国籍法・公職選挙法・請願法・日本国憲法の改正手続に関する法律

内閣法・国会法・裁判所法は三権の組織などに関する法律です。「内閣は行政機関の一部じゃないの？」と思ったかもしれませんが、憲法65条には「行政権は、内閣に属する」とあります。内閣こそ、

図表17 国の基本的なしくみを定めた法律

皇室典範	皇位の継承順序や皇族の範囲などを定めた法律
元号法	具体的な元号は政令で定めることや、皇位の継承があったときのみ元号が改められることを定めた法律
国旗及び国歌に関する法律	国旗を「日章旗」とし、国歌を「君が代」とする法律
法の適用に関する通則法	法の適用関係に関する様々なルールを定めた法律

行政権の本体なのです。

国籍法は国民の要件を定める法律、「公職選挙法」は国民の代表を選ぶルールを定めた法律です。請願というのは、国や自治体に意見や要望を伝えることをいいます。この請願の基本的な手続を定めたのが「請願法」です。請願があまり効果的に使われていないことから憲法附属法としては力不足と感じる人もいるかもしれません。しかし、請願権は憲法に規定され、本当は参政権を補う大事な役割が期待されているのです。「日本国憲法の改正手続に関する法律（憲法改正国民投票法）」は、平成19（2007）年に制定された新参者ですが、憲法が定める憲法改正手続を具体的に定めたものです。立派な憲法附属法でしょう。

「憲法附属法」以外の法律を見てみよう

さらに憲法附属法とまではいえないのですが、**図表17**のような「国の基本的なしくみ」を定めた法律があります。

これらの法律の一部を少しだけ解説しておきましょう。

「国旗及び国歌に関する法律」は、国旗を「日章旗」と、国歌を「君が代」とした法律です。

日章旗の寸法や君が代の譜面なども規定されていますから、正しい国旗と国歌を定めた法律ともいえるかもしれません。ただ、国民に国旗や国歌を強制する規定はありません。
　「法の適用に関する通則法」は、平成18（2006）年に改正されるまで「法例」という題名だった法律です。
　内容をひとことで説明しにくい法律ですが、「施行期日の定めがない法律の施行期日」や「法律と同一の効力を有する慣習」について定められた法律として有名です。ただ、この法律の中心的な規定は「準拠法に関する通則」です。国境を越えた私法に関するルールがそれです。
　たとえば、法の適用に関する通則法24条1項には「婚姻の成立は、各当事者につき、その本国法による」と規定されています。
　日本人であれば、どの国の人と結婚するにしても男性なら18歳以上、女性なら16歳以上でなければなりません。
　さらに、同条2項には「婚姻の方式は、婚姻挙行地の法による」と続きます。もし、愛する2人が結婚式を挙げる南の島には「長老様が授ける盃を平らげる」ことで結婚が認められるという法律があったとしたら、そうした儀式を通じて婚姻が成立することになるでしょう。なんとなくイメージできたでしょうか。

◎ポイント 憲法の規定を直接実現する法律を憲法附属法といいます。この憲法附属法など国の基本的なしくみを定めたエリアの法律は公法です。

公法ゾーンを読む③
行政法

> 行政法は行政組織法、行政救済法、行政作用法の3つの分野に分けられる。それぞれについて見てみよう。

行政法は3つの分野に分けられる

さて、次が行政法エリアの法律です。

行政法の数はとてもたくさんありますが、3つの分野に分けることができます。

行政組織法	行政の組織を定めた法律
行政救済法	行政の活動によって損害を被った者の救済に関する法律
行政作用法	行政と国民との関係に関する法律

もちろん、行政組織法、行政救済法、行政作用法という名前の法律があるわけではありません。行政法を、その主な目的で3つの分野に分けることもできるというものです。

ただ、「きれいに」3つに分けることができるわけではありません。行政救済法は行政の活動によって損害を被った者を救済する法律です。ですから、広い意味では行政作用法の一部ともいえるのです。また、行政組織法であると同時に行政作用法である法律も存在します。地方自治法はその例です。自治体の組織を定めた法律でもありますし、自治体と市民との関係を定めた法律でもあるからです。

図表18 行政組織法、行政救済法、行政作用法の関係

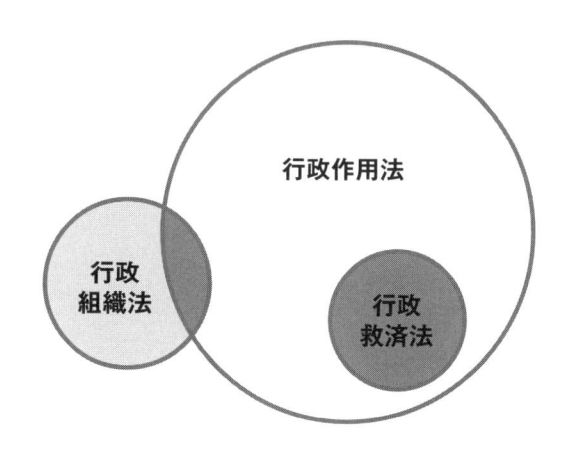

　説明するより図で見てもらった方が早そうです。こうした関係を図にすると**図表18**のよう感じ（イメージ）になります。

行政作用法

　行政法から行政組織法と行政救済法を除いたものがみんな行政作用法なのですから、実際には行政作用法の円は図表18よりも、もっともっと大きくなります。

　数え方によっては、もっと行政作用法の円は大きいかもしれません。この本では社会法を別に分類していますが、これらだって、国などと国民（これには企業も含まれます）との関係を定めた法律です。これも行政法、しかも行政作用法に分類できます。これらを含めると、この行政作用法の円は、もっともっと大きくなります。「図を描くと……」といいたいところですが、もうやめておきましょう。

行政組織法

　「行政の権限は法律によって与えられているもの」であることは、

すでにお話ししましたが、行政組織のおおもとも法律で定めなければならないものとされています。行政組織が勝手に膨張するのを防ぐためです。ですから、行政組織法という分野があるのです。

たとえば、国の中央省庁の根拠法として「国家行政組織法」という法律があります。その別表には、よく名前を聞く官庁の名前がたくさん挙がっているはずです。

●**国家行政組織法**　別表第一　（第３条関係）

省	委員会	庁
総務省	公害等調整委員会	消防庁
法務省	公安審査委員会	公安調査庁
外務省		
財務省		国税庁
文部科学省		文化庁
		スポーツ庁
厚生労働省	中央労働委員会	
農林水産省		林野庁
		水産庁
経済産業省		資源エネルギー庁
		特許庁
		中小企業庁
国土交通省	運輸安全委員会	観光庁
		気象庁
		海上保安庁
環境省	原子力規制委員会	
防衛省		防衛装備庁

国家行政組織法の定めを受けて、それぞれの省庁の内部組織や所掌事務（どんな事務を担当するか）を定める「○○省設置法」など

が制定されています。これも行政組織法のひとつです。

　自治体の組織については、地方自治法という法律に規定されています。現在、自治体は都道府県と市町村長という２層構造になっていますが、これは地方自治法が定めたものであって、別に憲法が決めたものではありません。ですから、「**道州制**」の導入もこの地方自治法の改正などによって可能と考えられています。ただ、あまりにも大きな改正なので、憲法を改正して導入を明記した方がいいという主張もあるようです。

行政救済法

　行政の活動によって損害を被った者の救済のための法律が行政救済法です。救済のメニューは、「処分の取消し」など見直しを求める方法と「お金で穴埋め」してもらう方法とがあります。被害を受けた者は「あれかこれか」選択して救済してもらうのではなく、「あれもこれも」選択して救済を受けることができます。つまり、処分などの取消しをしても、さらに損害が残っている場合にはお金での穴埋めを求めることができるのです。

　さて、これはもうお話ししましたが、処分などの見直しを求める方法には２つあります。まず、行政内部に見直しを求めることです。これが「不服申立て」です。不服申立ての手続などについて定めた法律が「行政不服審査法」です。もうひとつは、裁判所に取消訴訟などを起こして処分を取り消してもらうことです。その手続などを定めた法律が「行政事件訴訟法」です。

国家賠償法

　「お金で解決すればいいと思っているでしょ！」テレビドラマではそんなセリフを聞きますが、やはりお金で解決するしかない場合があります。処分などを取り消しても損害が残る場合があるからです。

　たとえば、食中毒が発生したからという理由で、お弁当の「もっ

図表19 行政の活動で損害を被った場合の救済

お金で解決		処分の見直しなどで解決	
補償	賠償	行政不服審査法	行政事件訴訟法
それぞれ必要となる法律に規定	国家賠償法		
適法な行為が原因	**違法**な行為が原因	行政内部の見直し	裁判所が判断

こもっこ亭」を業務停止にしたとします。ところが食中毒事件を起こしたのは「もっこもっこ亭」ではなく、近くの「もっともっと亭」だったのです。保健所が慌てて処分を取り消したとしても、営業停止の間の損失は発生していますし、しばらくは「食中毒事件を起こしたお弁当屋さんだ!」と誤解され、売上が上がらないということがあるかもしれません。こうしたときには、やはり、「お金(賠償)で解決する」しかありません。

賠償と補償について知っておこう

「お金で損害の穴埋めをする」場合には、「**賠償(損賠賠償)**」のほかに「**補償(損失補償)**」の場合があります。「賠償」が違法な行為で引き起こされた損害の穴埋めであるのに対して、「補償」は、適法な行為で引き起こされた損失の穴埋めを指す言葉です。

「適法な行為で損失が生じるの?」と思うかもしれませんが、「国道を拡張するので家を立ち退いてもらう」とか、「所有地がダム底に沈むことになった」などという場合がその例です。

賠償については「国家賠償法」という法律があるのですが、補償について国家補償法という法律はありません。ただ、それぞれ必要となる法律に補償のための規定が置かれるのが普通です。
　先ほどの例では、どちらの場合も「土地収用法」という法律にある規定により補償を受けることができます。

◎ポイント 行政救済法には、処分の取消しなどを求めるタイプと、お金で解決しようとするタイプがありますが、「どちらか」ではなく、必要な場合には「どちらによっても」救済されます。

第7章 | 法律の世界地図を描こう

No.5 社会法ゾーンを読む
労働法と経済法

> 社会法は、国が全面に出てきて私人間のルールを修正するもの。
> ここでは労働法と経済法に分けて考えてみよう。

「社会法」とはどんな法律か

　さて、私法ではないものの、本来的な公法とはいえないものに**「社会法」**に分類できる法律があります。社会法は「私法の分野に国が口出しをしているところ」が特徴です。

　私人間では「私的自治の原則」は大切な原則です。本当なら、私人どうしで決めたことなら当事者にまかせておくのが筋というものだからです。どのような契約を結ぼうが、当事者がそれでいいなら国が口出しをするのはおかしいということになります。

　ところが現実には、お金を貸す場面でも、何か買い物をしようとする場面でも、働こうとする場面でも、様々な法律による規制があり、自由な契約が結べない部分が生じています。

　それはなぜか？　ひとことでいえば、「私人の世界でもフィフティ・フィフティが実現していないことが増えたから」です。

　形のうえではフィフティ・フィフティでも、よく見たら「一方が事実上、力を持っている」ということがあります。また、「本人の意思です」といいながら、本当は自由な意思に基づいておらず、そういわされている場合もあります。

　こうした場合、国が弱い立場の者に肩入れするなどして、積極的に自由や公平を回復させ、公平な社会を実現しなければなりませ

PART3 「価値」を意識して法律を読む　213

ん。そのための法律が「社会法」なのです。社会法は、国が前面に出てきて私人間のルールを修正するのですから、私法とはいいにくいものです。ただ、かといって、本来の役割の公法でもありません。

　私人関係は、自由と平等の花が咲き乱れていた野原だったのですが、心なく踏み荒らす人が多くなって、いまでは社会法という花壇によって自由が守られているといえます。

　社会法の場合には、まず、そうした社会法が必要となった社会背景を考えてみることが重要です。ただ、「何を社会法と考えるか」、「社会法にはどんな種類の法律があるのか」については、いろいろな考え方があるようです。ここでは、社会法を「労働法」と「経済法」に分けて説明しようと思います。

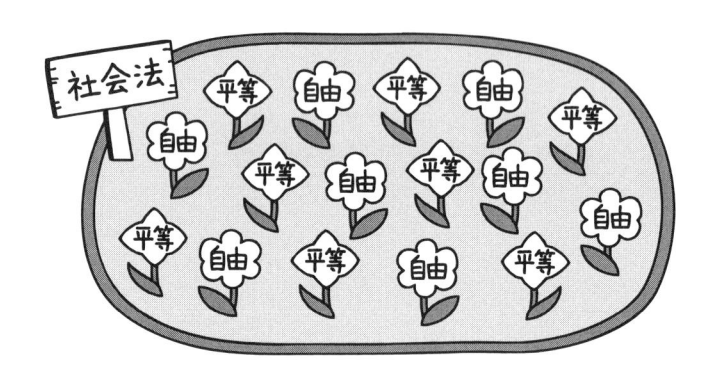

社会法のなかの「労働法」

　労働者と企業との関係を思い浮かべてください。形のうえでは対等ですが、その力には大きな隔たりがあります。本当に当事者の「自由」にしておくと、労働者はひどい目にあうに違いありません。「賃金を払うのを半年待ってよ」とか「社員にするけれど、『辞めて』っていったら、すぐに辞めてよね」などと、企業が都合のいい条件を持ち出しかねません。

ですから、労働者を保護する法律が必要となります。これが「**労働法**」です。憲法も次のような規定をちゃんと置いているのですから、この労働法の必要性を認めているといえます。

●憲法

> 第27条　略
> 2　賃金、就業時間、休息その他の勤労条件に関する基準は、法律でこれを定める。
> 3　略

　憲法27条2項の内容を実現する法律として「労働基準法」や「最低賃金法」があります。「働かせすぎること」や「安すぎる賃金で働かせること」などを禁じています。また、賃金を「通貨で支払うこと」や「毎月1回以上、一定の期日に支払うこと」などといった、労働者の生活を安定させるための規定も労働基準法には置かれています。

　労働法のなかには、ちっぽけな存在である労働者が団結して組合を作り、企業（使用者）と交渉することをすすめる「労働組合法」や、失業したときの給付や再就職のための措置を定めた「雇用保険法」などもあります。

社会法のなかの「経済法」

　私法ではなく、かといって伝統的な公法でもない法律には、ほかに「**経済法**」があります。個人や企業には、もちろん、経済活動の自由が認められています。だからといって、資本主義が進んだ社会では「ご自由に」というわけにもいきません。

　ここでも「シイタケ好きの王様」に登場してもらいましょう。「シイタケ好きの王様」はもっと国民にシイタケを食べてもらいたいと考えています。この国のシイタケは味も風味も最高だったから

です。これまで、たくさんのシイタケを栽培した者にほうびを与えていましたが、それだけでは消費は伸びません。そこで、王様は知恵を絞り、「毎月、一番たくさんのシイタケを販売した者にほうびの金貨を与えよう」と思いつきました。「これで国民がおいしいシイタケをたくさん食べることができる。我ながらいいアイデアを思いついたわい」。王様はとても満足げでした。

ところが、これが「売ればいい」という「ルールなき競争」の火ぶたを切ることになってしまったのです。

まず、たくさんの粗悪品が出回るようになりました。いままで市場に並ばなかったような不出来なシイタケやどうもシイタケといえそうにないものまで「王様おすすめのシイタケ」として売られるようになっていました。さらに、金貨欲しさに「シイタケを買った者には『マツタケ』をプレゼントする」なんて業者さえ現れました。

ある月のない晩のことです。王宮裏の公園にこの国を代表する青果店の社長たちが息をひそめて集まりました。競争に疲れた業者たちは「売上げ1位」を毎月、順番に回していこうという取り決めをして別れました。そこには、国民不在の「シイタケ販売戦争」があるだけでした。

経済活動のルールを定める「経済法」

　もちろん、これは作り話です。しかし、現実社会ではもっと複雑で陰湿な経済活動が行われる可能性があります。経済活動の土俵ともいえるルールを整備しておかないと、企業の競争が公平に行われず、経済活動の障害にもなりますし、結局は消費者が損をすることにつながりかねません。

　たとえば、大きな力を持つ企業は、その力を背景に取引先に無理難題をいうことがしばしばあります。家電量販店がメーカーに社員を派遣するよう求めて、店舗の販売員をやらせていたということが問題となりましたが、これもそうした例のひとつでしょう。また、

図表20 経済法と消費者法

経済法

不正競争防止法	人気商品のそっくり品を作って流通させたり、有名ブランドと紛らわしいロゴを使ったりといった他人の信用にただ乗りする商売の方法を禁じています
独占禁止法(私的独占の禁止及び公正取引の確保に関する法律)	強い立場を利用した(優越的地位を濫用した)経済活動や企業どうしが競争を避けようと価格や生産量などについて協定を結ぶこと(カルテル)を原則、禁じています
景品表示法(不当景品類及び不当表示防止法)	商品やサービスの品質などを偽って表示することや本体価格に比べて豪華すぎる景品などの提供を禁じています

消費者法

消費者契約法	不適切な勧誘で困らせるなどして結んだ契約の取消しや消費者に一方的に不利な内容の契約を無効にすることができることを定めています
特定商取引に関する法	訪問販売や電話勧誘販売などについてクーリング・オフの規定を定めています

　法律で禁じておかないと、大企業どうしが示し合わせて価格をコントロールしようとすることもあります。経済法のひとつの分野に、企業が自由で公正な競争を行うための活動ルールに関するものがあるのはそのためです。

消費者のための経済法（消費者法）

　経済活動において「か弱い存在」といえば、消費者です。なるほど、「お客様は神様です」という言葉もありますが、「買わせてしまえばこっちのもの」的な企業があっても不思議ではありません。
　そこで、品質やサービスについて十分な説明をすることを義務付けたり、不本意な形で買わされた商品についてキャンセルに応じることを定めたりと、力の弱い消費者に肩入れした法律が作られています。経済活動に関する法律なのでこれも経済法のひとつなのです

が、消費者のための経済法という意味で「**消費者法**」とも呼びます。

代表的な消費者法としては前ページの**図表20**のようなものがあります。貸したお金の利息の上限を定める「利息制限法」や、食品に安全や品質について一定の表示を義務付ける「食品表示法」も消費者法のひとつといえるでしょう。

なお、「特定商取引に関する法律」でいう「クーリング・オフ」は、一定期間内であれば契約を解除することができる制度です。契約はお互いが合意した結果です。一旦契約した以上は、正当な理由がない限りその解除はできないのが原則です。ところが、訪問販売など、落ち着いて考えられない状況下での契約については、クーリング・オフの制度を設けてキャンセルできるようにしているのです。

特定の分野の経済活動を規制する経済法（業界法）

経済法のなかには、それぞれの分野の経済活動を規制するための法律もあります。いわゆる「業界法」がそれです。たとえば、前にも登場した「食品衛生法」は、衛生に関する規制法ですが、飲食業に関する業界法でもあります。

考えてみれば、薬の販売に関しては「医薬品、医療機器等の品質、有効性及び安全性の確保等に関する法律」がありますし、「宅地建物取引業法」だって、不動産業界の業界法といえるでしょう。こうした業界法には消費者の利益のための規制も定められていて、その意味では消費者法としての面もあります。

経済法はその時代を映す鏡といえるのです。経済法の動きを知ることで、日本経済が置かれている状況を知る面白さがあります。

◎ポイント　社会法は「私法の分野に国が口出しをしているところ」が特徴です。

私法ゾーンを読む
私人どうしの関係を定めた法律

> 私法とは、私人（一般の人や企業のこと）どうしの関係を定めた法律。その代表例として民法と商法がある。

私法の代表例は民法と商法

　私法というのは、私人（一般の人や企業のこと）どうしの関係を定めた法律です。その代表例として民法と商法があります。

　まず、「**民法**」では、私人どうしの経済・財産関係のルールを定めた部分と、婚姻や相続などの家族関係を定めた部分があります。経済・財産関係であろうと、家族関係であろうと、お互いの意思をできるだけ大切にするのが民法です。そのうえで、お互いの意思が示されていないときに補うための規定（任意規定）や、お互いの意思があっても許されないことを定めた規定（強行規定）が置かれているのはお話ししたとおりです。

　強行法規の内容が社会的に弱い人などへの肩入れである場合には、その法律は社会法に分類できます。

　たとえば、お金の貸し借りの利息に関する「利息制限法」です。利息制限法では、一定の利率を超える利息部分の契約を無効としています。たとえお互いの合意があってもです。お金を借りる方は、たいがい「切羽詰まって」借りるものです。そうした弱い立場の人に国が肩入れした結果なのです。

　利息制限法が民法の特別法として説明されるのはそのためです。この利息制限法は社会法のひとつです。

商法は民法の特別法です

「**商法**」は同じ私人どうしの経済・財産行為のルールといっても、商行為や商人だけについてのルールで、これまた民法の特別法です。

また、「会社法」、「手形法」、「小切手法」も私法になります。会社法は商行為を行う組織について定めた法律ですし、手形や小切手は商取引を支える大事な決済手段です。

そんなところから、こうした法律をみんな含めて「広い意味での商法」と呼ぶ場合があります。

長い前期試験を終えて夏休みを迎えると、いままでのうっぷんを晴らすかのように「はじけた」生活を送りたくなるものです。それと少し似た状況だったかもしれません。抑圧されていた時代から近代を迎えて、私人の自由がとても重要なものに思われました。それは絶対、侵すことができないものと思われるくらいに重要視されたのです。支配される対象から国民が主役になるに当たって、私法がとりわけ重要な法と感じられたのもそのためです。しかし、自由が生んだ経済の発展は、労働問題や格差の問題などを生み、やがて社会法の出現につながっていくことになります。

◎ポイント 私法の代表例は民法と商法です。商法は民法の特別法にも当たります。利息制限法のように民法の特別法としての社会法も存在します。

法律の「進化の系統樹」を読み解こう

No.7

✎ ある分野の法律を「進化の系統樹」に当てはめてみると、法律どうしの関係や条文の関係がわかるようになる。

「進化の系統樹」的視点のご利益とは？

　これからの話は「ある分野の法律に、ある程度詳しくなった」という場合に使えるテクニックです。

　私が法制局に入局した昭和の終わり頃は、いまとはまるで異なる執務環境でした。

　もちろん「電子六法」なんてなく、職員が仕事で使うのは、職場の書棚にある100巻以上の加除式の六法だけです。ところが、ベテラン職員となると「ある条文を改正したとしたら他の法律のどこに反映するか」がたちどころにわかるのです。最初はただただ、目を丸くしていたのですが、そのうち、そんなことができる「秘密」がわかるようになってきました。

　法制局では、労働・厚生委員会担当など、課によって担当する法律の分野が決まっているのですが、その分野の法律を「生物進化の系統樹」的に覚えているのです。A法からB法が分かれて、そのB法の特別法としてC法があるというようにです。こうした理解ができていると、関連する条文や影響がある条文を、ある程度予想することができるようになります。

　まずは簡単な例を紹介しましょう。会社法は平成18（2006）年に、商法から分離した法律です。とはいっても、会社だって商行為

を行う存在には違いありませんから、商号や使用人に関する規定は商法にも会社法にも置かれています。もし、商号に関するルールを改正しようとするなら、商法ばかりでなく、会社法にある商号の規定も改正する必要があることになります。

　公法と私法をベースにした法律の分類が「横糸」なら、生物進化の系統樹的理解は「縦糸」です。その法律が「横糸」と「縦横」からイメージできると、アプローチとしてはパーフェクトです。

労働基準法を系統樹的に見てみよう

「生物進化の系統樹」的な分析、もうひとつ例を挙げてみましょう。今度は少し複雑な例です。

「労働基準法」は、昭和22（1947）年という早い時期に定められた戦後の労働者保護のボス法（中心的な法律）です。その労働基準法の第8章は「災害補償」の章なのですが、ここには次のような規定があります。

●労働基準法

> （他の法律との関係）
> 第84条　この法律に規定する災害補償の事由について、労働者災害補償保険法（略）又は厚生労働省令で指定する法令に基づいてこの法律の災害補償に相当する給付が行なわれるべきものである場合においては、使用者は、補償の責を免れる。
> 2　略

　この規定の意味を解説しましょう。労働基準法75条では、労働者が業務上、負傷したり病気になったりした場合には、使用者がその療養の費用を負担しなければならないと規定されています。そうはいっても、経営が思わしくない会社などでは十分な療養費を払うことができないかもしれません。そういう会社こそ、労働災害が起

きやすいのですから問題は深刻です。そこで、国は使用者がお金を出し合って運営する労働者災害補償保険（以下「労災保険」といいます）という保険制度を労働基準法とほぼ同時に創設しました。

　最初は労働基準法の規定による給付と補い合う関係にあったのですが、労災保険の給付がだんだんと整備されて、昭和40（1965）年に、こちらの方が充実したことから、この労災保険から必要な給付を受ける場合には、使用者は責任を負わないとされたのです。それが労働基準法84条1項の規定です。

　実は労働者に関する保険制度は、労災保険のほかにもうひとつあります。雇用保険がそれです。雇用保険法は以前「失業保険法」といっていたように、失業したときの給付を柱とする保険です。

　この雇用保険も使用者からの保険料負担の部分があることから、この2つの保険の保険料の納付手続などを一括して行うための法律が昭和44（1969）年に成立しました。これが「労働保険の保険料の徴収等に関する法律」（以下「労働保険徴収法」といいます）です。ですから、労災保険法や雇用保険法には保険料徴収に関する規定はスッポリ抜け落ちて、その代わり「政府が徴収する保険料については、徴収法の定めるところによる」との規定が置かれています。

　さて、労働基準法に戻りましょう。労働基準法の条文を見ると、さらに枝分かれした法律の存在を見つけることができます。

　たとえば、目次を見ると「第5章　安全と衛生」とあります。しかし、次の42条だけを残して、43条から55条までは削除となっています。これは、昭和47（1972）年にその内容が豊富になって「労働安全衛生法」という別法に移ってしまったからなのです。労働安全衛生法は、労災を起こさないために作業環境を安全に衛生的にするための基準などを定めた法律です。

　なお、別法に規定内容が移った痕跡は労働基準法28条にも見られます。「賃金の最低基準に関しては、最低賃金法（略）の定めるところによる」とあります。これもまた、昭和34（1959）年に最低

賃金法ができ、そちらに内容が移りました。

●労働基準法

> 第42条　労働者の安全及び衛生に関しては、労働安全衛生法（略）の定めるところによる。

系統樹のイメージを示してみると？

　その分野で中心となる法律を軸にして、関連する法律をイメージしていくという方法ですが、私は法制局に入り、実務の世界で初めて知りました。そのとき頭に浮かんだのが水族館で見た「アンモナイトの系統樹」でした。

　アンモナイトの子孫はいまのイカやタコなのですが、いまでもイカに固い「こうら」と呼ばれる部分があるのもアンモナイトの殻が変質したものであることや、タコがいまでも狭いツボのようなものに好んで入ることも殻を持っていた記憶だととらえれば筋が通ります。

　系統樹で示すと**図表21**ようになります。

　巻貝を背負って深海を漂う「オウム貝」を「生きた化石」などと呼びますが、アンモナイトにとっても祖先になるのですから、なるほどそう呼ばれるはずです。

　さて、アンモナイトはともかく、労働基準法を基に系統樹⁉を示すと**図表22**のようになるでしょうか？

　労働基準法はさらに関連した法律との関係で理解できる部分があります。たとえば、労働基準法4条には次のような「男女同一賃金の原則」という規定があります。

第7章 | 法律の世界地図を描こう

図表21 アンモナイトの系統樹

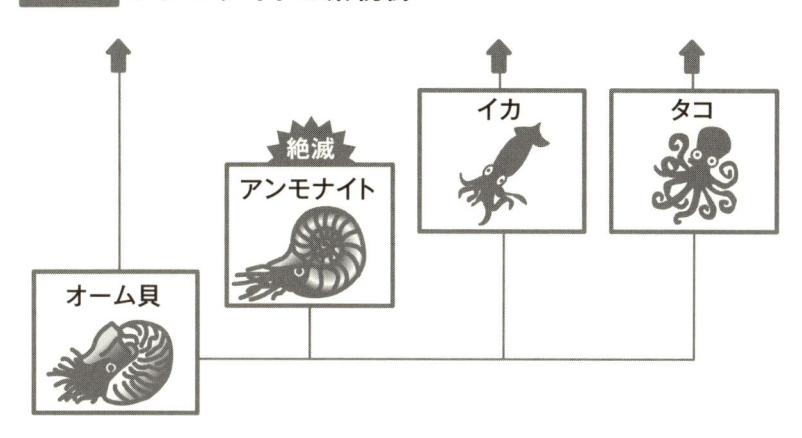

絶滅
アンモナイト
イカ
タコ
オーム貝

図表22 労働法の系統樹

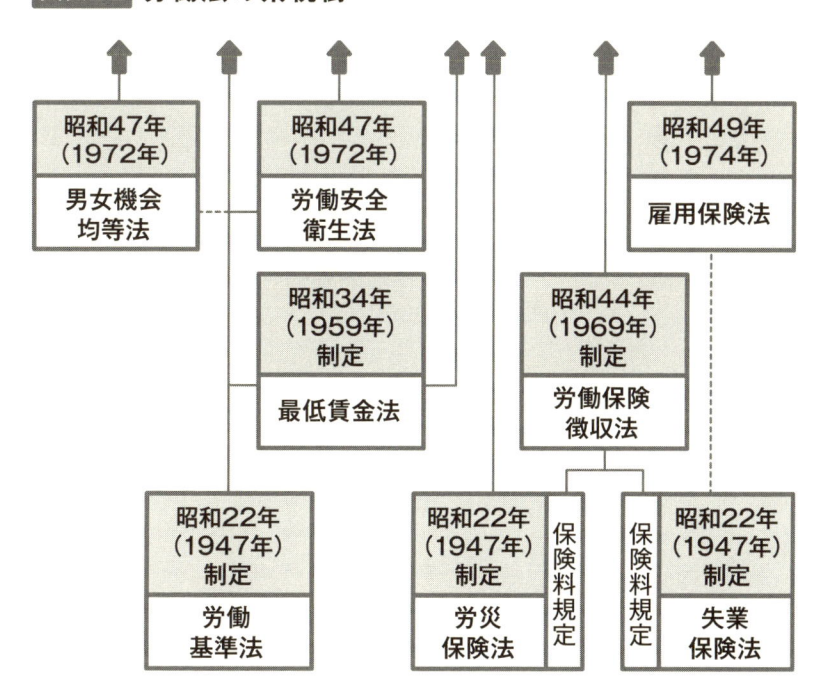

| 昭和47年（1972年）男女機会均等法 | 昭和47年（1972年）労働安全衛生法 | 昭和49年（1974年）雇用保険法 |

昭和34年（1959年）制定　最低賃金法

昭和44年（1969年）制定　労働保険徴収法

昭和22年（1947年）制定　労働基準法

昭和22年（1947年）制定　労災保険法　保険料規定

保険料規定　昭和22年（1947年）制定　失業保険法

PART3 「価値」を意識して法律を読む　225

●労働基準法

> （男女同一賃金の原則）
> 第4条　使用者は、労働者が女性であることを理由として、賃金について、男性と差別的取扱いをしてはならない。

　見出しにもあるように、ここで直接禁止しているは、「賃金」についての男女差別です。募集、採用、昇進、配置、教育訓練などの差別的取り扱いについては、「雇用の分野における男女の均等な機会及び待遇の確保等に関する法律」（以下「男女機会均等法」）で禁止されています。

　男女機会均等法は、ただ単に差別してはならない事項を+αしているのではありません。均等待遇を実現するための指針を国が定めることや、均等待遇をめぐる紛争の解決を援助するしくみなども規定しています。男女機会均等法は、労働基準法の「足りない」ところを補っている法律といえるのです。

　ある一定の分野の法律に詳しくなる機会があったら、中心となる法律を見つけ出して、周辺の法律との関係を考えてみてください。きっと、それぞれの法律の性格をさらに理解できるようになることでしょう。

◎ポイント　ある分野の法律に詳しくなったら、その分野で中心となる法律を軸にして、関連する法律を系統樹的にイメージしていく方法がおすすめです。

練習問題

【問題1】
　次の文章を読んで、選択肢の中から正しい答えをひとつ選んでください。

　「スーパーいけない屋」は通常100円の買い物（アルコール類やたばこを除く）ごとに1ポイントがつく「イケナイポイントカード」を発行していますが、7月中は買い物をすると100円につき2ポイントがつくサマーセールを実施中です。さらに、この期間、午前10時までのお買い物のお客様には、100円につきもう1ポイントが追加される特典もあります。

　田中さんは、7月18日の午前9時30分にいけない屋でアジの干物（500円）を買いました。この際、田中さんが手にしたイケナイポイントは何ポイントだったでしょう。以下の選択肢から正しい答えを選びなさい。

選択肢
ア　5ポイント
イ　10ポイント
ウ　15ポイント

解答　（　　）

【問題2】
　次の法律は、①公法、②社会法、③私法に分類するとそのどれに当たるでしょうか。
　それぞれの法律の内容を踏まえて検討し、①〜③の数字を入れてください。

利息制限法	貸金の利息の上限などを定めた法律。手数料、礼金などの名目で債権者が債務者から受けた元本以外の金銭も利息とみなすこととしています。
厚生労働省設置法	厚生労働省の所掌事務や組織について定めた法律

解答　利息制限法　　　（　　　）
　　　厚生労働省設置法（　　　）

解　答

【問題１】：ウ

（解説）一般法と特別法の考え方は日常生活でも使われています。設問の場合、普段の100円につき1ポイントのルールが一般法に、100円に2ポイントつく7月のサマーセール期間中のルールが時期を限った特別法に当たります。
　さらに午前10時までの特例も特別法のさらなる特別法と位置付けることができるでしょう。この場合、結果的に100円について3ポイントつく計算になりますので、500円の買い物の場合には15ポイントがつく計算となります。

【問題２】

　利息制限法　　　（　②　）
　厚生労働省設置　（　①　）

（解説）利息制限法は私人どうしのお金の貸し借りについてのルー

ルを定めたものです。民法の特別法といえるのですが、借り手の保護という視点から定められていますので②の「社会法」(消費者法)のひとつといえるでしょう。また、厚生労働省設置法は典型的な行政組織法ですから、①の公法に分類することができます。

PART 3
「価値」を意識して法律を読む

第 8 章

民法・憲法・行政法を読む

No.1 対立する利益調整で読む民法

民法が大事にしている価値は「お互いの意思を大切にすること」。その強行規定について詳しく考えてみよう。

民法の「大人げ」とはどんなものか

　民法が大事にしている価値は「お互いの意思を大切にすること」です。ただ、お互いが決めたといっても「さすがに、それは問題がある……」という場合には、それを許さない規定が民法やその他の法律に「強行規定」として置かれています。そんな話をしましたが、ここでは「それを許さない」という中身をもう少し分析してみようと思うのです。

　「ダメなものはダメ、絶対ダメ」。一度、へそを曲げた子どもはそういって駄々をこねることがあります。もうこうなったら、何をいっても受けつけてくれません。「大人げない」といいたいところですが、相手は子どもなのですから機嫌が直るのを待つしかありません。「大人げない」といったのは、大人だったら「絶体ダメ」といわずにその間に着地点を見つけるということなのでしょう。実は、こうした「大人げ」が民法にはあります。たとえば、未成年者保護のための次の規定を見てください。

●民法

　（未成年者の法律行為）
　第5条　未成年者が法律行為をするには、その法定代理人の同意

> を得なければならない。ただし、単に権利を得、又は義務を免れる法律行為については、この限りでない。
> 2　前項の規定に反する法律行為は、**取り消すこと**ができる。
> 3　略

　どうして、この規定が「大人げ」ある規定なのか、次の条文と見比べてもらえればきっとわかることでしょう。

●民法

> （公序良俗）
> 第90条　公の秩序又は善良の風俗に反する事項を目的とする法律行為は、**無効とする。**

　民法90条は「無効とする」とあります。これは、そもそも効力を生じないという意味です。それはそうです。「公の秩序又は善良の風俗に反する事項を目的とする法律行為」というのは、殺人の請負契約のような「反社会的な契約」などを指します。これはお互いの意思が合致しても認められるものではありません。
　ところが、民法5条2項では、法定代理人（親など本人に代わって法律行為を行うことができる人をいいます）の同意を得ることなく行った行為を「取り消すことができる」にとどめています。

民法がむやみに取引を否定しない理由

　「子どもなりに考えた」なんて表現がありますが、未成年者は大人に比べて判断能力が未熟です。「〜したい」と思ったとしても、その意思に至る判断力が不十分なのですから、そのままその意思を認めるわけにはいきません。
　ただ、「無効とする」としなかったのは、行為の結果が未成年者にとって問題がないこともあるからです。親などが判断しても問題

がないとされる行為は、そのまま認めても未成年者の保護に支障はないはずです。「取り消すことができる」としたのはそのためです。

たとえば、未成年者が車が欲しくて中古車店に買いにいったとします。販売店が「だいぶ距離を走っているけれど安くするよ」と本当に安く売ってくれたとしたら、それは取り消すまでのことはないかもしれません。その反対に相場を知らないのをいいことに「安くするよ」といいつつ、ビックリするような高い値段で売りつけたとしたらどうでしょう。親なら、そんな売買契約は取り消すに違いありません。

ここで注目してほしいのが、未成年者を保護しながらも、私人どうしの取引をむやみに否定しないというスタンスです。

民法は「意思を大切にする」ということはもちろんですが、一旦成立した意思の合致の結果も、ある程度尊重しようとしているのです。「不十分な意思に基づくものは尊重しない」とすることもできるでしょうが、それでは、私人どうしの取引が「おそるおそる」のものとなります。「本当にこの人とこのタイミングで合意していいだろうか……」などと考えるようになると、なかなか契約などは行われなくなります。そこで、経済行為などについては、その人の意思を大切にしながら、取引をむやみに否定しないというスタンスをとることにしたのです。これを「**取引の安全を図る**」と法律の世界ではいいます。

民法の総則、物権、債権の章は経済活動を支えるルールにもなるため、民法のうちでも特に「財産法」と呼ばれています。

総則	物権	債権	親族	相続
財産法			身分法	

民法は全体として「意思を大切にする」という価値を持っていますが、この財産法の部分では、「意思を大切にする考え方」と「取

引の安全を図る考え方」との調整を図りながら守るべき規定（強行規定）を定めているといえるのです。未成年者の行為を「取り消すことができる」としたのもそのためです。

◎ポイント 未成年者の行為を「取り消すことができる」にとどめたのは、意思を大切にしつつ、取引の安全を図るという着地点を見つけたからです。

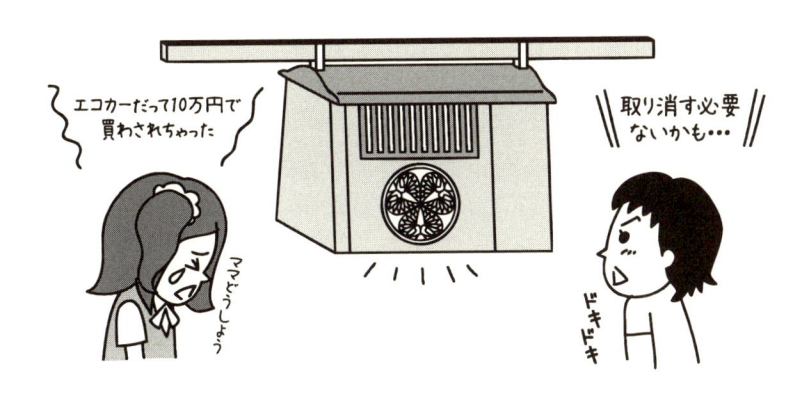

No.2 民法の調整場面について考えてみよう

「意思を大切にする」ことと「取引の安全」との調整場面について具体例を挙げて考えてみよう。

調整場面の例①　制限行為能力者がひとりでできること

　もう少し「意思を大切にする」ことと「取引の安全を図る」こととの調整場面を見てみましょう。

　民法では未成年者のほかに、契約などの法律行為を自分ひとりでは完全にできない人たちがいます。民法では彼らを保護する役割の人を決めて、本人に不利益になる契約などを取り消すことができるようにしているのです。主に、精神の障がいなどでものごとがハッキリ判断できない状況にある人たちがその対象です。

　考えてもみてください。もし、赤ん坊がハイハイしてきて1万円差し出してくれても、それは「1万円をあげる」という意思があるとはいえません。赤ん坊は「1万円」の意味さえわからないのですから、行為を裏付ける意思がないといえます。意思を大切にする民法では「意思のない行為は無効」というのが原則です。

　精神の障がいなどがある人たちの場合、この点が難しいところです。ものごとがハッキリ判断できず、意思を形作ることができない場合もあるでしょうが、しっかりと意思があって行為を行う場合もあるはずです。

　ところが、相手からすればその違いを見分けることができません。それなのに、意思がしっかりしている場合にはその行為は有効

図表23　制限行為能力者の分類

	ひとりでできる行為
成年被後見人	日用品の購入その他日常生活に関する行為
被保佐人	「財産上重要な行為」以外の行為
被補助人	特定の「財産上重要な行為」以外の行為

※「財産上重要な行為」は、具体的には民法13条1項に規定されています。借金をすること、不動産を買ったり売ったりすること、訴訟行為をすることなどはこの財産上重要な行為となります。

とされ、意思がないとされた場合には無効となるのでは、相手方は不安定な立場に置かれます。こうしたことがあると、おちおち契約など交わせないということにもなりかねません。そこで、ものごとがハッキリ判断しにくい人たちをグルーピングして、その人がした契約などを保護者が取り消せるようにしたのです。

ただ、常時、ものごとがハッキリ判断できにくい人もあれば、ほとんど大丈夫だけれども少し判断に不安が残るというレベルの人もあるでしょう。民法では、ものごとの判断がハッキリできない人を3つのグループに分けて、ひとりでできること、ひとりでした場合に取り消されることを定めています。これを少し詳しく示すと**図表23**のようになります。

耳慣れない言葉が出てきたので、少し説明が必要かもしれません。「成年被後見人」、「被保佐人」、「被補助人」の順で精神の障がいなどの程度が重く、判断能力も不安なものになります。

成年被後見人は、だいたい常に判断力が十分でない人です。ですから、その人がした契約などの行為は取り消すことができます。

ただ、「何もできない」というのでは、かえって保護に欠けることとなるので、「日用品の購入その他日常生活に関する行為」だけはひとりでできるとしています。そのほかの行為はたとえ行っても、保護者（成年後見人）が取り消すことができます。被保佐人と

なると、財産上重要な行為以外は自分でできます。さらに、被補助人の場合には、財産上重要な行為のうち「これは保護者（補助人）の同意が必要なこととしましょう」と家庭裁判所がしたものを除いてひとりで行うことができます。

　未成年者も含めて、こうしたひとりでできる行為が制限されている人たちのことを「**制限行為能力者**」といいます。制限行為能力者については、このように判断力のレベルに合わせて、取り消すことができる行為を定め、意思を大切にしながらも、取引の安全を図ろうとしているのです。

調整場面の例②　保護者の同意のない結婚

　成年被後見人について、もうひとつ民法の例を紹介しましょう。民法738条には次のような規定があります。婚姻（結婚）については、経済行為以上に「本人の意思」を大切にする規定が置かれているのです。

●民法

> （成年被後見人の婚姻）
> 第738条　成年被後見人が婚姻をするには、その成年後見人の同意を要しない。

　民法上、婚姻（結婚）に必要なものは「愛」と「届出」です。このうち「愛」とは、お互いの「結婚したい！」という意思の合致のことです。「結婚は契約だ」という人がいますが、法的には、まさしく「契約」なのです。

　しかし、物を売り買いする契約とは少し性格が違います。「取引の安全」なんてものは基本的に考えなくてもいいのですから、当事者の意思を何よりも大切にすることができます。

　未成年者の結婚についてもなかなか面白い規定があります。民法

737条1項には「未成年の子が婚姻をするには、父母の同意を得なければならない」とあります。愛する2人にとって「大きなお世話」に思うかもしれませんが、判断力がまだまだ未熟な未成年者を保護するための規定です。こうした規定がある以上、もちろん、届出の受理に当たっては「父母の同意」があるかどうかが確認されます。しかし、もし、この確認をかいくぐって届出が受理されてしまったらどうなるでしょう。

婚姻が「取り消される」場合は民法744条に規定されています。「人違いの婚姻」など「愛」がそもそもない婚姻は「無効」ですが、「愛」があっても、一定の年齢（男性は18歳、女性は16歳）に達していない結婚や近親者どうしの結婚などは「取り消される結婚」となっています。

ところが、そこに「父母の同意がない結婚」は挙げられていないのです。つまり、親の同意がなくとも「結婚してしまった者勝ち」なのです。あまりにも幼い子が結婚することや近親婚は社会的にも大きな問題です。しかし、親の同意がない結婚は、現代ではそれほど深刻な問題ではないと考えたのでしょう。ましてや、一度は結婚してしまった事実があるのです。そこで、最終的には当事者の意思を認める「粋なはからい」がされているというわけです。

こんなところにも、意思を大切にする民法の姿勢を見ることができます。

「隠れキャラ」を通じての民法の楽しみ方

ディズニーランドでの楽しみはたくさんありますが、リピーターの楽しみのひとつは「隠れミッキーを探す」ことなんだそうです。床や天井をよく見ると、ミッキーのシルエットが隠し模様になっていたり、欄干の影がミッキーのシルエットになっていたりと、なかなか手の込んだ隠れミッキーが存在します。アトラクションの魅力はもちろんですが、こうした「しかけ」もディズニーランドの楽し

みを大きくしているに違いありません。

　実は、民法学習の隠れキャラクターともいえるのが、「『意思を大切にすること』と『取引の安全』との調整」です。未成年者や成年被後見人などが行った契約では、あらかじめ本人がひとりでできることを明らかにして、「取引の安全」を図りました。

　こうした調整は民法のほかの規定でも見られます。たとえば、だまされてした契約は取り消すことができるものとしていますが、その取消しは、事情の知らない第三者まで及ぼすことはできないとしています。意思を大切にするなら、誰に対しても取消しを主張できるようにすることもできたでしょう。しかし、事情を知らない者まで巻き込むことはせず、「取引の安全」にも目配りをしたのです。

　最初は条文の内容を理解するだけでやっとかもしれませんが、「意思を大切にすること」と「取引の安全」との調整が行われていると思われる条文を見つけられ、その意味がわかるようになると、民法はさらに楽しくなります。人間どうしの関係のルールを定めたのが民法です。無味乾燥に見える条文の背景にある「人間臭さ」を感じることも、民法の「公平や正義」を理解するカギとなります。

◎ポイント 民法学習の隠れキャラである「意思を大切にすること」と「取引の安全」との調整に目が向くようになると、民法の学習はさらに楽しいものになります。

練習問題

次の文章を読んで、選択肢から正しい答えをひとつ選んでください。

カピバラを飼っているAさん宅に、ペットショップを経営するBという男が訪問しました。「カピバラはワシントン条約の対象になることが決まりました。来月になれば取引が禁止されてしまいます。今月中に引き取ってあげます」というのです。Aさんはしかたなくカピバラを売ることにしました。しかし、その後、Aさんはワシントン条約についての情報がウソであることを知りましたが、ペットショップに並べられたそのカピバラは何も事情を知らないCさんに売られてしまったあとでした。次の民法96条に従うとこの取引はどうなるでしょうか?

●民法

> （詐欺又は強迫）
> 第96条　詐欺又は強迫による意思表示は、取り消すことができる。
> 2　略
> 3　前2項の規定による詐欺による意思表示の取消しは、善意の第三者に対抗することができない。

> （選択肢）
> ア　Aさんはいったん、カピバラを売るといった以上、取引自体を取り消すことはできない。
> イ　AさんはBさんとの取引を取り消してCさんからカピバラを取り戻すことができる。
> ウ　AさんはBさんとの取引を取り消すことはできても、Cさんとの関係ではカピバラを返せとはいえない。

解答（　　）

解　答

ウ

（解説）詐欺や強迫を受けて意思表示をしても、その意思は完全な意思ではありません。だまされたり、おどかされた分、その意思にはキズがあります。ですから、民法96条1項で、詐欺や強迫を受けてした意思表示は取り消すことができるとしているのです。このあたりは意思を大切にする民法の考え方の現れです。

ただ、無効としなかったのは、本人にとって「それでもいい」ということならそのまま効力を認めても差し障りがないと考えてのことです。

さて、問題となるのは、だまされたり、おどかされて売った品物が、さらに事情を知らない別な人に売られたりするようなときです。最初に売買契約を取り消したとしても品物はもう別な第三者の手に移っているのですから、この点もなんとかしなければなりません。

この場合に問題となるのは、「意思を大切にすること」と「取引の安全を図る」との調整です。その調整を民法96条は以下のように行いました。

詐欺の場合	本人の意思　＜　取引の安全
強迫の場合	本人の意思　＞　取引の安全

詐欺の場合、取り消した時点で事情を知らない第三者の手に移ってしまっていたら、その第三者からは取り戻すことができないとしたのです。それが民法96条3項の意味です。条文は強迫の場合に

ついて何も規定していません。

　しかし、規定していないからこそ、強迫の場合には、第三者にも取消しを主張して取り戻すことができると「反対解釈」されています。強迫の場合には意思のキズがシリアスです。そのため、民法は「取引の安全」より「本人の意思」を優先することを「公平」と判断したのです。

No.3 人権保障の指示書としての憲法を読む

> 憲法を理解するためには、徹頭徹尾「人権保障のための指示書」としての意味を理解しよう。

憲法の本質を知ろう

　大学の講義ではポッカリと落ちてしまうことがありますが、まず、最初に確認しておかなければならないことは「憲法は権力に向けられたもの」ということです。

　憲法といえば「国の一番大事なルール」ということは誰でもが知っています。しかし、「だから国民は憲法を守らなければならない」と早合点して学び始めても何も身につきません。憲法は、国民に向けられたものではなく、権力を持つ者に向けられたルールだからです。「こうした人権は必ず守りなさい！」と国民が権力に向けて出した指示書が憲法の本質なのです。

　条文の理解には、まず、その法律が大切にしている価値を理解することが大事だとお話ししましたが、憲法では「権力に向けられた人権保障のための規定」という性格がその価値に当たります。条文の技術的な解釈など後回しにして、徹頭徹尾「人権保障のための指示書」としてその意味を理解することが先決です。この憲法の大枠を理解できていないと何も始まりません。

　公務員にしろ、政治家にしろ、裁判官にしろ、これらの人たちは権力を支える仕事をしているのですから、この指示書を国民からつきつけられた存在です。その証拠は憲法99条にあります。この99

条には憲法を守るべき義務を課している者が挙げられていますが、そのなかに「国民」の名前はありません。

●憲法

> 第99条　天皇又は摂政及び国務大臣、国会議員、裁判官その他の公務員は、この憲法を尊重し擁護する義務を負ふ。

「国民が権力に向けて出した指示書」。それが憲法の本質だとわかれば、人権保障の規定が中心になっていることも当たり前のことです。「憲法には国民の義務規定が少なすぎる。国民の義務規定が少ないから、いい加減な国民が増えるんだ」。そんな議論がおかしいこともわかるでしょう。さらにいえば、憲法の内容を決定する権限が国民にしかないこともわかってもらえるはずです。

たしかに、法律の制定や改正について、国民は国会にその権限をまかせました。しかし、憲法は別です。憲法改正については決してまかせていません。国会ができるのは、その案を国民に示す（発議する）ことだけなのです。こうした目で憲法の条文を見てみると、なるほどその通りになっています。

●憲法

> 第96条　この憲法の改正は、各議院の総議員の3分の2以上の賛成で、国会が、これを発議し、国民に提案してその承認を経なければならない。この承認には、特別の国民投票又は国会の定める選挙の際行はれる投票において、その過半数の賛成を必要とする。
> 2　略

最近の憲法改正をめぐる議論

　みなさんがお寿司屋さんに入ったとします。すると大将が「今日はカンパチにしなさい」とか、「カッパ巻はやめて鉄火巻にしなさい」なんていってきたら腹が立つに違いありません。「決めるのは俺だ！」なんて怒りだすお客さんもいるはずです。何を食べるかを決めるのはもちろんお客さんです。お客さんそっちのけで、店側が食べさせたいものを押しつけることはおかしな話です。

　ところが、近頃の憲法改正をめぐる政治家の議論は、そんな感じに思えるのです。もし、国民が望んでいないものを政治家が押しつけようとしているのなら……。

　憲法改正の場合、二重の意味で国会は慎重でなければなりません。まず、あらゆる法令や処分などの土台となる指示書なのですから、法律のように頻繁に改正するわけにはいきません。さらに、政党や政治家の動き方も慎重にならなくてはなりません。

　そもそも政治家は憲法という指示書を突きつけられた側の存在です。「その指示書では問題がある」というのは政治家がいい出すのではなく、国民の側から湧き起こって初めて議論が行われるのが本当なのです。広い意味では、そうした問題点を国民に気づかせることも政治の役割なのかもしれませんが、国会で議論する前に、その問題を丁寧に国民に説明して、国民全体の問題として共有することを先にしなくてはならないはずです。

　いつだったか、憲法改正の発議の要件を「総議員の３分の２以上の賛成」から「総議員の過半数の賛成」に改正する動きが一部の政党で盛り上がったことがありました。そのときも、やはり、この視点が欠けているように感じられました。

　国によって憲法の役割やとらえ方は異なります。しかし、現在の憲法において、改正のハードルを下げることは、実際上、指示書を出す国民の力を弱めることになります。それはすなわち、権力に人権を保障するよう求める力を弱めることにもつながります。まず

は、そのことを知っておかなければなりません。

◎ポイント 「国民が権力に向けて出した指示書」。それが憲法の本質です。ですから、憲法の内容を決定する権限は国民にしかありません。

No.4 憲法の統治規定と人権保障の関係を知ろう

> 憲法の規定全体が「人権保障のしくみ」として働く。このことも憲法の本質として知っておこう。

憲法の最大、唯一の目的は「人権を守ること」

さて、憲法の本質としてもうひとつ知ってほしいことは、憲法の規定全体が「人権保障のしくみ」として働くことです。なるほど、三権など国を治める基本的なしくみ（統治規定）も憲法では定められていますが、これらを「効率的に国を動かすしくみ」などと理解していたら、とんでもない誤解です。

憲法の最大、唯一ともいえる目的は、「人権を守ること」です。国の統治のしくみも「人権を守るためのしくみ」として作られています。

一番、知られているところでは「三権分立のしくみ」でしょう。思い出してみてください。「立法、行政、司法のけん制から権力の濫用を防ぎ、国民の自由を守るしくみ」なんて学校で習ったはずです。憲法の条文を学ぶには、どの条文であれ「どのような形で人権保障に役立つか」という大きな視点なしでは行えません。

ここでは、人権に関する2つのテーマ（表現の自由と生存権）と統治に関するひとつのテーマを選んで、人権を守るという大きな視点からその意味を考えてみたいと思います。

「表現の自由」の学び方

　最初に「**表現の自由**」です。もちろん、最も重要な自由のひとつです。表現の自由は「国民が考えたことを外部に表現する」ばかりでなく、マスコミなどの「報道の自由」も含まれます。

　表現の自由がとりわけ重要な理由は、表現の自由が失われた国を思い浮かべてみるとよくわかります。表現の自由が失われると、「国民ひとりひとりが情報を得て、自分の頭で考え、政治に参加する」というプロセスが働かなくなってしまうことになります。これは、権力を有している者が「主」で、国民は「支配される対象」になり下がることを意味しています。

　日本では、国民が主権者です。権力を有している者は国民がまかせた結果そうなっているにすぎません。ですから、国民が必要な情報を得て自由に考えを表明することは当然のことです。憲法もそのことをキッパリ権力につきつけています。これが憲法21条です。

●憲法

> 第21条　集会、結社及び言論、出版その他一切の表現の自由は、これを保障する。
> 2　検閲は、これをしてはならない。通信の秘密は、これを侵してはならない。

　ところが、権力の側にある者にとっては「国民が何でも知っている・何でもいえる」という状態はやりにくいに違いありません。しかも、長い間、権力の側にあると、そうした地位にあることが当然に思えてくるからやっかいです。ですから、「表現の自由といっても、いっていいことと悪いことがある」とか「最近のマスコミの報道は偏っていて公の器としての役割を果たしていない」などという意見が必ず出てくるものです。

　権力を持った者に対しての批判は厳しくなりがちです。しかし、

これは権力を持ったことの裏返しとして、ある意味当然なことでもあります。こうした批判にこたえてゆけないのなら、権力の座にある資格はありません。

　ただ、表現の自由といえども、100％認められるわけではないことも事実です。わいせつな写真や文章を大っぴらにはできないでしょうし、報道などが他人のプライバシーや名誉に関わることであれば、その人の人権との調整も考えなくてはなりません。国民からしても「表現の自由」をただ主張するばかりでは、これを制限しようとする「権力のたくらみ」から表現の自由を守ることはできません。

　ですから、「表現の自由」を学ぶ際には、まず、「表現の自由」がいかに大切な価値であるかを確認し、そのあとに、それが制限される場合があるとしたら、どんな場合なのか、具体的に起きたトラブルとの関係で学ぶのです。人権関係の学習が判例中心になる理由がここにあります。そうした限界以外には表現の自由は侵すことができないのですから、その限界を知ることは、表現の自由を守ることにもつながるのです。

◎ポイント　国民ひとりひとりが情報を得て、自分の頭で考え、政治に参加する。そのためには「表現の自由」は欠かせないものなのです。

No.5 憲法が定める生存権について考えよう

憲法25条は生存権を定めている。この生存権を支えるしくみである生活保護を例に挙げて生存権について考えてみよう。

憲法25条と生活保護

次の話題は、憲法25条が定める**生存権**です。この生存権を支えるしくみとして、生活保護の制度があります。

●憲法

> 第25条　すべて国民は、健康で文化的な最低限度の生活を営む権利を有する。
> 2　国は、すべての生活部面について、社会福祉、社会保障及び公衆衛生の向上及び増進に努めなければならない。

　もし、憲法の生存権を「お上のお慈悲的な福祉制度」だなんて理解している公務員がいたらどうでしょう。そこまでは思わなくとも「自治体あっての生活保護だ」などと思っていたらどうでしょう。「財政が厳しいので生活保護の申請の受理を控えよう」なんて考えてしまうかもしれません。実際に「給付の適正化」の名の下に正式な申請を思いとどまらせる「窓口指導」が各地で行われ、問題となりました。

　生活保護にかかる費用の4分の1は自治体が負担しなくてはなりません。もしかしたら、窓口指導をした職員も生活保護の対象では

ない市民も、自治体の財政にプラスになるからと「それほど悪いことをした」と思わないかもしれません。しかし、生存権を守ることは公務員に与えられた使命です。だとすれば、どんなことをしても必要な保護は行わなければなりません。

もちろん不正な受給は許してはいけません。また、「国が保障している生存権実現のための制度なら、そもそも国が全額負担するべきでは？」という疑問も生じるかもしれません。

しかし、「不正受給の問題」も「誰が負担するか」という問題も、別途、解決すべきことで、必要な生活保護を削ることで解決できることでも、解決すべきことでもありません。生活保護を求める人がいる以上、また、生活保護を担当している以上、この使命から逃げることはできないのです。

財政状況と生活保護の引き下げは別問題

官僚や国会議員だって同じです。財政が厳しいことだけを理由に生活保護費を引き下げることは許されません。

なるほど、憲法25条の生存権の性格についてはいろいろな考え方があります。なかには、憲法25条は、国に対して政治的な責任を負わせたにすぎないと考える説（プログラム規定説）もあります。憲法25条は、国民に最低限度の生活を営めるよう必要な措置を求める権利を与えたのではなく、国に制度整備の心構えを説いたものにすぎないとする説です。

最高裁判所はどの説が正しいとはハッキリ述べていませんが、どうやらこの説に近い考え方をしているようです。こうした説では「具体的な生活保護の水準を定めるのは国である」と考えられています。

しかし、それでも「いまは財政が厳しいから生活保護費を少なくしよう」なんて判断を憲法が認めているわけではありません。生活保護の水準は、国民の一般的な生活水準と比較して決まります。

「デフレで家賃相場が下がったのでその分をいくらか反映させよう」といったことはあるかもしれませんが、「財政が厳しいから生活できない水準でガマンしてもらおう」などということとは、決して許されません。それは指示書としての憲法に反することになるからです。

社会権が「国による自由」と呼ばれる理由

前著『法律を読む技術』でも話題にしましたが、生存権は「社会権」という種類の権利です。資本主義社会はある意味、弱肉強食の世界ですから、そのままでは、強いものだけが生き残る世の中になってしまいます。こうした事態を防ぐため国が前面に立って、公平や平等を回復しようとするのが社会権の本質です。

「自由を守る」というと、「国民の言論や活動などへの国の干渉を防ぐ」といったイメージが一般的ですが、国民がそれぞれの力を発揮できるように、平等なスタート地点に立てるようにすることもまた「自由」を回復することなのです。そのため、憲法の用語では、社会権のことを「国による自由」と呼んでいます。

もちろん、社会権は国のあり方と結びつきやすい自由です。日本は「不幸にして働けなくなった人などを見殺しにしない」と憲法25条で決めたのです。まず、これは確認しておかなければなりません。

ただ、そこに「公平や平等」がなければならないことも事実です。つまり、生活保護制度が成り立つためには、国民が納得する制度でなければならないのです。

ですから、「一所懸命働く人がもらえる給料の額より生活保護で支給される額の方が多いというのは問題だ」という議論はなるほど理解できます。ところが、ここにもマヤカシがあります。

この場合に比べられている賃金は、最低限支払わなければならないとされる「最低賃金」というものなのですが、「そもそも、その最低賃金が低すぎて生活できない額となっているのではないか」と

疑う目を持つ必要があります。

　生存権などの社会権を考えることは、憲法が社会の公平や公正をどのように実現しようとしているか、ひとりの生活者として考えることでもあるのです。

◎ポイント　国民がそれぞれの力を発揮できるよう平等なスタート地点に立てるようにすることも、「自由」を回復することなのです。

No.6 人権保障のしくみとしての裁判所

> 司法は人権保障の重要なしくみ。裁判官の身分保障と国民審査を見ながら司法権について知っておこう。

裁判官の身分保障と国民審査について知ろう

　統治のしくみも「人権保障のしくみ」として働くことはすでにお話ししました。

　ここのところ、司法権が存在感を見せています。「国会がだらしない」といえばそれまでですが、非嫡出子（正式な結婚関係から生まれた子でない子）の相続分を嫡出子（正式な結婚関係から生まれた子）の半分とした民法の規定を違憲としたり（最大決平25・9・4）、高裁レベルではありますが、1票の格差があまりにも広がった選挙を違憲とする判決を出すなど、新聞の1面を飾る判決が続いています。

　裁判所がこうした違憲立法審査権を行使するのは、誤った法律などの効力を失わせることで人権の侵害を防ごうというものです。裁判所は人権保障の最後の砦なのです。

　紹介した違憲判決でいえば、非嫡出子だけ法定相続分が少ないことに合理的な説明ができれば「差別」ではありません。しかし、合理的に説明できなければ、それは「差別」となります。差別されてきた者は**法の下の平等**」という憲法が保障した権利を侵害されてきたといえます。

　今回の判決は「子自らが選択や修正する余地のないことがらを理

由に不利益を及ぼすことは許されない」として合理的な根拠は失われていると判断しています。1票の格差の問題も同様に、この「法の下の平等」が問題となりました。

近頃、頼もしい司法ですが、その独立に関しては次のような規定が憲法に置かれています。

●憲法

> 第76条　1・2　略
> 3　すべて裁判官は、その良心に従ひ独立してその職権を行ひ、この憲法及び法律にのみ拘束される。
>
> 第78条　裁判官は、裁判により、心身の故障のために職務を執ることができないと決定された場合を除いては、公の弾劾によらなければ罷免されない。裁判官の懲戒処分は、行政機関がこれを行ふことはできない。
>
> 第79条　1〜5　略
> 6　最高裁判所の裁判官は、すべて定期に相当額の報酬を受ける。この報酬は、在任中、これを減額することができない。
>
> 第80条　略
> 2　下級裁判所の裁判官は、すべて定期に相当額の報酬を受ける。この報酬は、在任中、これを減額することができない。

もし、司法の独立が守られていなかったら？

もし、司法の独立が守られていなかったらどうでしょう。任命する内閣などのいいなりになるかもしれません。「憲法や法律よりも政府の方を向いている」なんてこともあるでしょう。政府の意向に

したがわない判決を書く裁判官は辞めさせられてしまうかもしれませんし、給料を下げられてしまうかもしれません。さらには、わけ知り顔に先輩裁判官が寄ってきて「君のためにいうのだけど、原告を勝たせるのはどうかと思うよ」なんてへんてこなアドバイスをすることも考えられます。

　これでは国民のための裁判所ではなく、任命してくれた政府のための裁判所となってしまいます。そこで先ほどの憲法の規定が生きてくるのです。

　まず、憲法76条3項では「すべて裁判官は、その良心に従ひ独立してその職権を行ひ」とあります。国会や内閣の干渉を認めない趣旨であることはもちろんですが、これには上席の裁判官などからの干渉を防ぐ意味もあります。

　憲法78条は、裁判官がむやみに辞めさせられるようなことがないよう保障しています。たとえ心身の故障があって仕事が続けられそうにない場合でも、裁判官たちの裁判で決定されて初めて辞めさせられます。

　また、「**公の弾劾**」というのは、国会に置かれた弾劾裁判所によって辞めさせられることです。裁判官が職務を怠けたり、国民の信頼を裏切るような行為をしたと弾劾裁判所が判断したときには裁判官は辞めさせられます。過去にストーカー行為をした裁判官やスカートの中を盗撮した裁判官などが辞めさせられました。

　この弾劾裁判所は国会に置かれ、衆参の国会議員たちから構成されています。これは国民を代表する国会議員たちに判断させようとする趣旨からです。このように司法権の独立を守るしくみが憲法には定められているのです。

　「でも裁判官は内閣が任命するんでしょ。やっぱり任命権者である政府の方を向いちゃうんじゃないの」

　やはり気がつきましたか……。その問題は残ります。任命に関する憲法の規定をまとめると**図表24**のようになります。

最高裁判所長官は天皇が任命することになっていますが、実質的には内閣が任命しています。そして、他の最高裁判所の裁判官たちも内閣任命です。そうした最高裁判所の裁判官たちが作る名簿に従って任命される下級裁判官たちもみんな、内閣のやることに批判などしないＹＥＳマンばかりになるおそれがあります。これではまるで「ＹＥＳマンのドミノ倒し」です。

　実は憲法のなかには「ＹＥＳマンのドミノ倒し」を防ぐためのしくみも組み込まれています。最高裁判所の裁判官の国民審査の制度がそれです。最高裁判所の裁判官についてだけは、「心身の故障のために職務を執ることができないと裁判により決定された場合」や「公の弾劾」のほかに**国民審査**により辞めさせることができるのです。

●憲法

> 第79条　略
> 2　最高裁判所の裁判官の任命は、その任命後初めて行はれる衆議院議員総選挙の際国民の審査に付し、その後10年を経過した後初めて行はれる衆議院議員総選挙の際更に審査に付し、その後も同様とする。
> 3　前項の場合において、投票者の多数が裁判官の罷免を可とするときは、その裁判官は、罷免される。
> 4～6　略

　国民審査は、衆議院選挙の際に同時に渡される投票用紙で行われます。審査を受ける最高裁判所の裁判官の名前がズラリと並んでいて、そのなかに辞めさせたい裁判官がいる場合には×をつけて投票します。×がついた投票がそうでない投票を上回る場合、その裁判官は罷免されます。

　国民審査については、「過去に辞めさせられた裁判官がいないか

図表24 裁判官の任命

最高裁判所長官	内閣の指名に基いて天皇が任命	憲法6条2項
最高裁判所のその他の裁判官	内閣が任命	憲法79条1項
下級裁判所の裁判官	最高裁判所の指名した者の名簿によって内閣が任命	憲法80条1項

ら意味がない」というような声を聞きます。しかし、「YESマンのドミノ倒し」を防ぐためにはなくてはならない制度ですし、国民審査の制度があるからこそ、辞めさせるほどの裁判官が出てこなかったといえるかもしれません。これもまた、人権を守るためのしくみとしての意義を再確認する必要がありそうです。

◎ポイント　裁判所は人権保障の最後の砦です。そのために裁判官には手厚い身分保障が認められていますし、国民審査のしくみもあるのです。

練習問題

憲法の条文を見ずに答えてください。憲法は国会議員に3つの特権を保障しています。このうち2つは、次の「歳費受領権」、「免責特権」です。

歳費受領権 （憲法49条）	国から相当額の歳費を受けることができる権利
免責特権 （憲法51条）	国会で行った演説などについて院外（国会の外）で責任を問われない権利

さて、もうひとつは何でしょうか、次の選択肢の中からひとつ選んでその記号を記してください。

（選択肢）

ア 税金不納付特権	議員である間、税金を納める義務を免除されている特権
イ 不逮捕特権	現行犯逮捕などの場合を除いて国会会期中は逮捕されない特権
ウ 公設秘書特権	公費で秘書を雇うことができる特権

解答（　　）

解　答

イ

　(解説) 国会には、立法ばかりでなく、行政を監視する役割があります。そんなところから、歴史的には政府が国会審議などに「干渉する」ことがしばしばありました。そのため、憲法は国会議員が政府の干渉を受けることなく自由に活動できるための権利を与えています。これが「議員特権」を定めた理由です。

　まず、「歳費受領権」です。誰もが議員になれることを保障するものですが、安心して議員としての職務に打ち込める環境を作る意味もあります。

　「免責特権」は、議員が国会で自由に発言できる環境を整備して、国会の機能を十分に発揮させようとするものです。「院外で責任を問われない」というのは、民事的にも刑事的にも責任を問われないという意味です。たとえば、国会審議のなかで「大臣は××としか思えない」（××はとてもここではいえません）といったとします。もし、それが政策の過ちを指摘するために使った言葉なら、大臣から損害賠償を請求されることもありませんし、侮辱罪などの罪となることもないのです。

　さて、問題の解答です。議員といえども税金を免除されているわけではありません。また、確かに、国会議員には公設秘書（第1・第2の公設秘書のほか、政策担当の秘書）がつきます。ただ、その根拠は「憲法」ではなく「国会法（132条）」です。議員が国会で活躍するためには大切なしくみですが、ほかの特権ほどは本質的ではないと考えたのでしょう。

　答えは、イの「不逮捕特権」です。憲法50条では次のように規定されています。

●憲法

> 第50条　両議院の議員は、法律の定める場合を除いては、国会の会期中逮捕されず、会期前に逮捕された議員は、その議院の要求があれば、会期中これを釈放しなければならない。

「政府に批判的な議員を国会が始まる前に難癖をつけて逮捕する」。こうしたことを避けるねらいがあります。現行犯逮捕（いままさに犯罪を犯した者の逮捕）や所属する院の許諾がある場合には不当逮捕の心配はないので、不逮捕特権は及びません。

No.7 手続の流れで読む行政法

> 手続規定ばかり並んでいてとっつきにくい行政法は「時系列の支配」を意識しながら読み解くとわかりやすい。

「時系列の支配」を意識しよう

　行政法はなんだか「とっつきにくい」と感じる人が多いようです。「淡々と手続規定ばかり並んでいて人間味がない」。法学部時代の友人はよくそういって行政法を嫌っていました。

　しかし、そこにこそ、行政法理解のとっかかりがあるのです。手続規定であっても、実現しようとする価値が隠されていることはすでにお話ししましたが（→第6章5節）、手続規定が中心となるということは「時系列の支配」が及んでいるということでもあります。全体の手続のなかでどのあたりの規定なのか、それを意識しながら読むと、案外、行政法も読みやすくなるかもしれません。

　条文数の多い法律だと大変ですから、条文数の少ない「行政代執行法」を例に読み解きのレッスンをしてみましょう。

　「それでは早速」、といきたいところですが、先に**代執行**について説明しなければならないでしょう。代執行の例としてはこんなものが考えられます。

　法令上、捨ててはいけない物をゴミとしてたくさん捨てている業者がいます。そこでその業者に対し、不法に捨てたゴミを回収して適正に処理するよう行政が命じました。

> ところが業者はしらん顔で命令に応じようとしません。そのまま放置しては環境に悪いので、しかたなく行政が処理業者に頼んでこれを回収させ、処理しました。行政はかかった費用を義務ある業者に請求しました。

このように、義務を果たさなければならない者に代わって、行政なり行政からまかされた業者なりが義務を果たし、その費用を本当なら、義務を果たさなければならない人から徴収する。これが代執行と呼ばれるものです。代執行手続については、行政代執行法という法律に定められています。

行政代執行法に見る「時系列の支配」

行政代執行法は全部で6条ありますが、ここでは、代執行の手続について定めた3条から6条までを抜粋しました。少しがまんして条文を目で追ってくださいね。

●行政代執行法

> 第3条 前条の規定による処分（著者註：「代執行」のことです）をなすには、相当の履行期限を定め、その期限までに履行がなされないときは、代執行をなすべき旨を、予め文書で**戒告**しなければならない。
> 2 　義務者が、前項の戒告を受けて、指定の期限までにその義務を履行しないときは、当該行政庁は、**代執行令書**をもつて、代執行をなすべき時期、代執行のために派遣する執行責任者の氏名及び代執行に要する費用の概算による見積額を義務者に通知する。
> 3 　非常の場合又は危険切迫の場合において、当該行為の急速な実施について緊急の必要があり、前2項に規定する手続をとる暇がないときは、その手続を経ないで代執行をすることができ

る。

第4条　代執行のために現場に派遣される執行責任者は、その者が執行責任者たる本人であることを示すべき**証票**を携帯し、要求があるときは、何時でもこれを呈示しなければならない。

第5条　代執行に要した費用の徴収については、実際に要した費用の額及びその納期日を定め、義務者に対し、文書をもつてその**納付を命じなければならない**。

第6条　代執行に要した費用は、**国税滞納処分の例により、これを徴収することができる**。
2　代執行に要した費用については、行政庁は、国税及び地方税に次ぐ順位の先取特権を有する。
3　代執行に要した費用を徴収したときは、その徴収金は、事務費の所属に従い、国庫又は地方公共団体の経済の収入となる。

　3条1項は代執行の前に「戒告」をすることを規定しています。いうなれば「警告」です。3条2項では、それでも義務を果たさない者には「代執行令書」を発します。「もう怒った。いついつの日に代執行をやるから覚悟しなさい！」と「通知」するわけです。
　3条3項では緊急のときには、これらの手続を省略できることを定めています。1、2項が「原則」だとすると、3項は「例外」を定めたものということができます。
　4条では現場の執行責任者は「証票」、つまり、身分証明書みたいなものを持っていなさいと規定しています。5条を見ると、もう代執行後の費用の納付の話に移っています。
　ということは、4条は、条文に説明はありませんが、「代執行中」に必要な規定といえるわけです。3条が代執行前の規定、4条では

代執行中に必要なこととして、証票の携帯や呈示が定められているといえます。

そして、5条では費用の納付、そして6条では費用を支払わないときには、税金並みに強制的に徴収される旨が規定されています。3条から6条まではまさに次のように時系列に従って条文が並んでいるといえるのです。

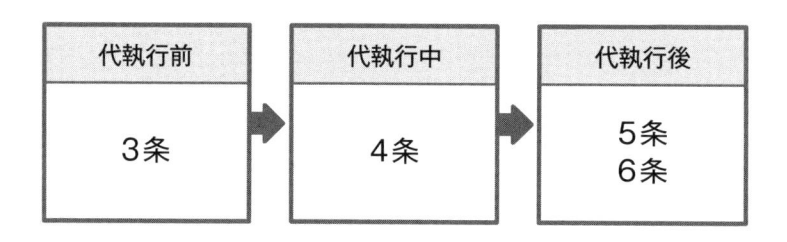

代執行前	代執行中	代執行後
3条	4条	5条 6条

ただ、もちろん、条文には「代執行前」とか「代執行中」などの説明書きはありません。しかし、こうした見えないものが見えてくるようになると「しめたもの」です。行政法を読む場合には手続の流れを意識しながら読む、そのことは「時系列の支配」を受けている条文の構造からも理にかなった読み方なのです。

◎ポイント　手続の流れを意識して条文を読むことは「時系列の支配」を受けている条文の構造からも理にかなっています。

練習問題

次は行政手続法の意見公募手続に関する条文の見出しを並べたものです。手続の流れや条文の内容を参考にして、ア〜エに入るべき適当な語句を選択肢より選びその記号を記してください（条文を見ないで考えてくださいね）。

なお、意見公募手続とは「パブリックコメント手続」ともいい、定めようとする命令等の内容をあからじめ国民に示して意見を聞く手続のことです。

●行政手続法　意見公募手続に関する条文の見出し

	見出し	条文の内容
39条	ア	意見公募手続としてすべきことなどを定めている
40条	イ	意見公募手続に当たって十分な時間がない場合のやり方を定めた規定
41条	意見公募手続の周知等	意見公募手続の実施を国民に十分知らせなければならない旨を定めた規定
42条	ウ	意見公募手続で提出された意見を十分考慮して命令等を定めなければならないとした規定
43条	エ	命令等を定めた場合に、提出された意見をどう反映したかを公示しなければならないと定めた規定

選択肢
A：意見公募手続の特例　　B：提出意見の考慮
C：意見公募手続　　　　　D：結果の公示等

解答　ア（　　）・イ（　　）・ウ（　　）・エ（　　）

解 答

ア：C　イ：A　ウ：B　エ：D

(**解説**) 原則を定めて次に例外を定める。これは条文を並べる際の決まりごとですから、まず、アには原則的な意見公募手続を定めた規定が、イには例外的な意見公募手続を定めた規定が並ぶはずです。

アの見出しはCであり、イの見出しはAとなります。41条は意見公募手続を実施する際の規定です。そして、42条は意見公募手続を実施したけれども、まだ命令等を定めていない場面ということになります。

ウにはBが入るでしょう。最後の43条はまさに命令等を定める場面です。定める際に、意見公募手続で提出された意見をどう扱ったか公にするべきことが定められています。エの見出しとしてはDが入ります。

No.8 総仕上げとして読む 国家賠償法

> 最後に、国家賠償法を取り上げて読んでみよう。この本の「卒業試験」のつもりで読み進めてみよう。

国家賠償法と民法との関係は?

　最後に、国家賠償法を取り上げて、総仕上げとして読んでみましょう。少し難しいかもしれませんが、この本の「卒業試験」のつもりで読み進めてください。

　国家賠償法は行政の活動などにより損害を受けた者に、国や公共団体（自治体）が賠償することを定めた法律です。題名からは「国の（損害）賠償について定めた法律」ということが推測されますが、実は、公共団体が賠償する場合も含まれています。この点、題名があまりよろしくありません。

　さて、賠償についての内容ですが、1条は「人」が違法に与えた損害について、2条は「物」が与えた損害について定めています。「人」というのは、もちろん公務員です。「物」というのは、住民のために使わせている施設など（ここでは「公の営造物」といっています）を指します。

●国家賠償法

> 第1条　国又は公共団体の公権力の行使に当る公務員が、その職務を行うについて、故意又は過失によつて違法に他人に損害を加えたときは、国又は公共団体が、これを賠償する責に任ず

る。
　　2　略

　第2条　道路、河川その他の公の営造物の設置又は管理に瑕疵が
　　あつたために他人に損害を生じたときは、国又は公共団体は、
　　これを賠償する責に任ずる。
　　2　略

　たった6条しかない法律です。たった6条でも大丈夫な理由は次の規定を見ればわかります。

●国家賠償法

　第4条　国又は公共団体の損害賠償の責任については、前3条
　　の規定によるの外、民法の規定による。

　そうなのです。民法が一般法で国家賠償法がその特別法に当たるのです。国家賠償法で足りないところは民法を見ればいいということになります。別の言い方をすれば、民法の考え方をベースにして国家賠償法は成り立っています。
　いま、国家賠償法は民法の特別法だといいましたが、国家賠償法は別の面からも表現することができます。どんな場合に、国や公共団体に損害賠償を求めることができるかを規定しているという意味では「実体法」でもありますし、また、全体として国家賠償の手続を定めた「手続法」と評価することも可能です。

実現しようとする価値を探ろう

　さて、いよいよ肝心なところです。どんな価値を実現するために国家賠償法は定められたのかということです。
　こんなとき頼りになるのは目的規定です。たいがいは1条に置か

図表25 国家賠償法は民法の特別法

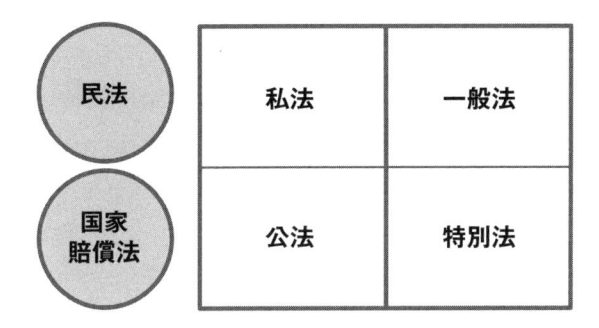

民法	私法	一般法
国家賠償法	公法	特別法

れています。ところが国家賠償法には目的規定がありません。昭和22（1947）年制定の古い法律のため、法令の形式の整備がまだ不十分だったのでしょう。目的規定などがなく、いきなり国や公共団体の賠償責任を定めた条文から始まっています。まるで、「玄関を開けたらすぐにお座敷」という感じです。

それなら、民法の特別法としての位置付けから探るしかありません。わざわざ特別法を定めたのですからその理由があるはずです。おそらく、その理由にこそ、国家賠償法が実現しようとする価値が隠されているに違いありません。

国家賠償法のどこが特別かというと、「公務員」が損害を与えた場合でも、その公務員が賠償するのではなく、国や公共団体が賠償をするところです。国や公共団体が前面に出て賠償するところは2条の「物」による損害でも同じです。1条も2条も条文の最後は「国又は公共団体が、これを賠償する責に任ずる」と書かれています。
　では、どうして国や公共団体が前面に出て賠償するよう定めたのでしょうか？　これには賠償を確実に行って被害者を救済しようとする意味があります。もし、国家賠償法がない場合にはどうなるでしょう。この場合には民法の規定が働きますから、1条の場合ならその賠償は公務員本人が負うことになります。公務員本人が賠償するだけの経済力があればいいのですが、そうでないときには十分賠償を受けられなくなります。そもそも、この場合の公務員は個人としてではなく、「職務を行うについて」損害を生じさせたのです。それなのに本人まかせで国などが一切関知しないというのはなんとなく腑に落ちません。そういえば、民法にもこんな規定があります。

●民法

> （使用者等の責任）
> 第715条　ある事業のために他人を使用する者は、被用者がその事業の執行について第三者に加えた損害を賠償する責任を負う。ただし、使用者が被用者の選任及びその事業の監督について相当の注意をしたとき、又は相当の注意をしても損害が生ずべきであったときは、この限りでない。
> 2・3　略

再び民法との関係を考えよう

「お客様のところへ車で商品を配送しているときに、誤って別な車に追突してしまった」。業務上、こういった事故が発生することも

あるでしょう。ぶつけられた車のバンパーはかなりへこんでいます。

もし、仕事ではなく全く個人的に車を運転していてぶつけてしまったとしたら、どうでしょう。その非に応じて、運転手が損害の一部を賠償しなければならないことでしょう。ところが、この件では、追突した車は会社の営業車で、会社の配送業務中の事故でした。

考えてみると、会社は従業員を使って利益を得ているわけです。ところが、損害を与えた場合には従業員が負担するというは、少し「公平ではない」感じがします。そこで民法715条を定めて、こうした場合にはまず、会社が相手に対して賠償すると定めたのです。こうした考え方を「**報償責任**」といいます。「利益を得ている者がリスクを負うべき」という考え方です。

話を戻しましょう。「従業員などが仕事のうえで被害を与えた場合には使用者がその責任を負わなければならない」という規定が民法にあるのに、さらに、国家賠償法が必要な理由は何でしょうか？

それなら、国家賠償法1条にはこの民法715条でもカバーできていない特別な規定があるに違いありません。この点でも国家賠償法は民法の特別法となります。

民法715条と国家賠償法1条の条文を見比べてください。国家賠償法1条には「ただし、使用者が被用者の選任及びその事業の監督について相当の注意をしたとき、又は相当の注意をしても損害が生ずべきであったときは、この限りでない」という文言がないことに気がついたはずです。

つまり、国家賠償法は「公務員の起こした損害を徹底的に国や公共団体が面倒をみる！」というために定められたといえるのです。

このことを頭に入れて、次は国家賠償法2条の条文を見てください。国家賠償法1条にある「故意又は過失によつて違法に他人に損害を加えたとき」の文字がありません。

つまり、「物」が被害を与えた以上、国や公共団体が面倒をみる。

誰かに「過失があった」とか「違法行為があった」とかを問わないのです。この被害者救済の面倒見のよさこそが1条、2条を通じての国家賠償法の価値というわけです。

「とことん面倒をみる理由」を理解しよう

国家賠償法が「とことん面倒をみる」理由は2つあります。ひとつは徹底的に被害者を救済しようとすることです。戦前、国や公共団体の被害者は必要な賠償をされないことさえありました。国は国民に責任を負う必要がないと考えられていたからです。その反省から、憲法17条が規定されました。

●憲法

> 第17条　何人も、公務員の不法行為により、損害を受けたときは、法律の定めるところにより、国又は公共団体に、その賠償を求めることができる。

もうひとつは、国や地方公共団体の行政を適正なものにする働きです。国家賠償法は基本的に賠償責任から逃げられないしくみになっています。その結果、国などは、賠償を避けるため、法令に違反しないよう、また、損害を生じさせないよう慎重に行政を行おうとするはずです。国家賠償法は、国などの活動を適正なものに導くことにも役立っているのです。

国家賠償法は「とことん面倒をみる」ことで、被害者を広く救済し、行政を適正なものにすることを目的とする法律ということがわかります。ここまでわかれば、国家賠償法の条文や関連する判例の理解はスムーズになります。

図表26 国賠法1条の「公権力の行使」とは

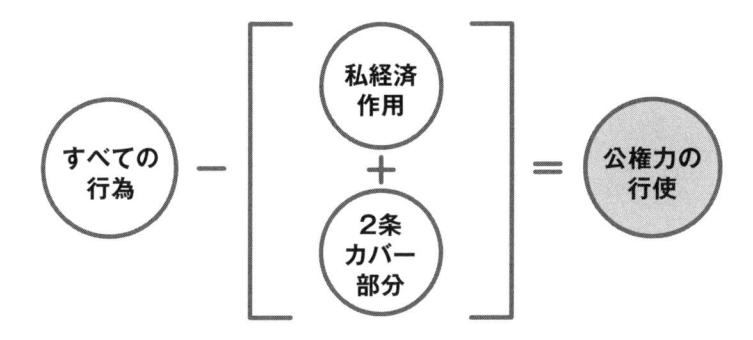

すべての行為 − [私経済作用 + 2条カバー部分] = 公権力の行使

条文や判例の学習にどう生かすか

　国家賠償法が大切にしている価値がわかったら、次は条文の理解に生かす方法を考えます。

　たとえば、国家賠償法1条の対象となる行政の活動はどのようなものか？　という問題を考えてみましょう。条文でいえば「公権力の行使に当る公務員」の「公権力の行使」という部分がそれです。

　国家賠償法が、被害者を広く救済し、行政を適正なものにすることを目的とする法律だとすれば、これを広くとらえるべきということになるでしょう。

　もちろん、国や自治体などの活動でも、「バスを運行するとか」、「病院を経営する」といったことは民間企業と同じ立場に立つので、民法の規定で処理するべきでしょう。

　こうした民間企業と同じ立場で行う活動のことを「私経済作用」というのですが、この「私経済作用」と「2条でカバーできる対象」を除いた行政の活動を1条の対象と位置付けたのです。民法でカバーすべきことや「物」が原因で引き起こされたこと以外、行政の活動とされることで引き起こされた損害をみんな1条で引き受けることにしたのです。「学校の体育の授業中の事故」（最判昭62・2・6）や「課外活動中の事故」（最判昭58・2・18）をその対象

とする判例があるのはそのためです。

　どうです。なんとなくわかってもらえたでしょうか？　法律の位置付けや実現しようとする価値から解き明かしていくと、条文の学習がとても深いものになるのです。

◎ポイント　目的規定のない国家賠償法でも「民法の特別法である」ことに気づけば、実現しようとする価値に近づくことができます。

PART 3
「価値」を意識して法律を読む

第9章

解釈がわかれば法律はもっと楽しくなる

No.1 「解釈する」というのは どういうことなのか？

> 法令の規定は抽象的に書かれている。そのため、現実の対象に当てはめる際の解釈が必要になる。

なぜ「解釈」が必要なのか

「なぜ解釈することが必要なの？」。この章を始めるに当たり、最初に考えてみましょう。解釈が必要な理由、それは、法令の規定がある程度、抽象的に書かれているからです。規定がズバリと書かれていればいいのですが、抽象的な部分が残る場合には、現実の対象に当てはめる（これを「適用する」といいます）際に、その規定の意味を「解釈」する必要が生じます。

たとえば、「身長175cm以上、年収800万円以上の金融マンが好き！」とある女性がいったとしたら、対象者はハッキリと絞られるはずです。これに対して「かわいい系がいいです！」なんて男性がいったとしても、彼のいう「かわいい系」の内容がわからない限り、対象は明らかになりません。

法令の規定は、これほど抽象的ではないものの「目がパッチリして小柄でかわいい系」という程度には抽象的です。それは、対象をある程度大くくりにして示す必要があるからです。

解釈が求められるもうひとつの理由は、法令が新たな現象や時代に対応するようにするためです。制定から時間が経てば、当初は想定していなかったことがらが生じます。そのため、法令は、新しいことがらもある程度「解釈で受け止められるよう」抽象化しています。

図表27 解釈の必要性

解釈が必要となる理由	
法令の規定は抽象的な部分が残るから	「身長175cm以上、年収800万円以上の金融マンが好み」（具体的） 「かわいい系がいい」（抽象的）
新たな現象や時代に対応する必要性	改正しなくてもある程度、解釈でカバー可能

　ただ、解釈の幅が大きすぎて「そこまでは無理かなぁ……」というところになると、これは解釈の限界ということになります。改正してその対象を取り込むなどして、決着させるしかありません。

100年以上も解釈で乗り切った「番頭、手代」

　だいぶ、「ねばった」例として、商法があります。「番頭、手代」の文言が100年以上も残ったまま、解釈で乗り切った例です。

　近頃は「もったいない」が大ブームですが、法令でも、できれば改正をせず解釈で乗り切ろうとしますし、書き改めるにしても廃止・新法制定ではなく、できるだけ一部改正で乗り切ろうとします。
　たとえば、商法は明治32年（1899年）にできた古い法律で

> す。平成18年5月に改正される前の38条2項には「支配人は番頭、手代其の他の使用人を選任又は解任することを得」(原文はカタカナ書き)という規定がありました。
>
> 　前掛け姿の「番頭、手代」がいまどき会社にいたら「びっくり」ですが、部長、課長くらいの意味にとらえて長らくこの条文が使われてきました。「番頭、手代」という文言に使用人の例示以上の意味がないとすれば、とりたてて改正の必要がないと考えたからです。このように少々、規定が古くなってもまずは解釈でカバーしようとします。
> (『法令読解心得帖』吉田利宏・いしかわまりこ著／日本評論社)

　なお、現在の商法21条2項は「支配人は、他の使用人を選任し、又は解任することができる」となっています。

　一方、解釈で対応してきたけれど、いよいよ難しくなって法改正をしたといった例もたくさんあります。インターネットによる選挙運動はそのひとつの例です。

　平成25(2013)年、公職選挙法が改正され、選挙運動期間中のインターネットによる情報発信が条文に位置付けられました。これまでの公職選挙法では特にインターネットに関する規定はなく、紙の文書などを配ることを想定した「文書図画の頒布(ぶんしょとがのはんぷ)」に含めて規制してきたのです。

　ところが、その解釈に無理があるという意見が増えてきて、インターネットによる情報発信を条文に位置付けたうえで、一定のものを解禁することにしました。

　◎ポイント　法令の規定は、新しいことがらもある程度解釈で受け止められるよう抽象化されています。

No.2 条文を読み解くことはすべて解釈です

> 最終的な解釈権者は裁判所。その他、行政や大学教授などの研究者、さらには、会社や会社員も日々、法令の意味を探っている。

最終的な解釈権者は裁判所

では、解釈は誰がするものなのでしょうか？

最終的な解釈権者はもちろん「裁判所」です。ですから判例こそ最終回答なのです。だから判例は重要です。しかし、「解釈できるのは裁判所だけなのか」といえば決してそうではありません。たとえば、行政だってできます。

行政は自ら法令を運用しているのですから、一定の解釈を行わないと仕事になりません。行政の解釈を最終的な解釈ではないという意味も込めて「**行政解釈**」といいます。

「行政が自ら解釈するのはおこがましい」という声もあるかもしれません。しかし、考えてみてください。裁判所はトラブルになって初めて判断を示すものです。ですから、世の中には裁判所が解釈を示していない条文がたくさんあります。そんな条文であっても行政は運用しなければなりません。行政が解釈するのはむしろ自然なことなのです。

行政解釈は「**通達**」などの形で出されることが多くあります。通達というのは、上司である行政機関が部下である行政機関に出す命令などをいいます。しばしば、「この法律はこんな風に運用してね」といった内容の通達が出されますが、そこから行政解釈を読み取る

ことができます。近頃では政府や自治体のウェブサイトに法律や条例の逐条解説が掲載されることも多くなりました。これも「行政解釈」のひとつといえるでしょう。

会社や会社員も日々、解釈している

　解釈は公的機関だけの特権ではありません。たとえば、大学の教員などの研究者も「この規定はこう解釈すべきだ！」などと研究の成果として世の中に問うことがあります。その解釈が、その後の行政解釈や判例に影響を及ぼすこともあるものです。

　さらにいうと、民間の会社や会社員だって日々法令の意味を探って仕事をしているのですから、これだって立派な解釈です。ひとつ例を挙げましょう。労働基準法34条には次のような規定があります。

●労働基準法

> （休憩）
> 第34条　使用者は、労働時間が6時間を超える場合においては少なくとも45分、8時間を超える場合においては少なくとも1時間の休憩時間を労働時間の途中に与えなければならない。
> 2　略
> 3　使用者は、第1項の休憩時間を自由に利用させなければならない。

　会社がこの規定に基づいて休憩を与えるにしても、「『会社から外に出るときには許可をとってね』とか、『この部屋から出ないで……』なんていえるだろうか」などと考えたとします。また、現場の管理職が「『もし、部長の電話が鳴ったときに部屋にいたら出てくれる？』なんていうのは可能だろうか」と考えたとします。

　こうした疑問に対して一定の判断をすること（答えを出すこと）はすべて「解釈」したことにほかなりません。自由に時間を使わせ

図表28 解釈の種類

解釈の種類	内容
裁判所の解釈	最終的な法令の解釈権者＝判例
行政の解釈	法令を運用するうえで解釈は必須。最終解釈ではない意味で「行政解釈」という
実務的解釈	日々の業務のなかでの解釈
学者の解釈	判例や行政の判断材料の提供

ることが休憩の趣旨だから「会社内で自由に移動できるなら問題ないだろう」とか「めったにかからない部長の電話に『もし部屋にいたら出て』という程度なら『待機』ではない。依然として、自由に使わせているので休憩だろう」とか、そうした判断をしたとしたら、こうした判断はみんな「解釈」なのです。

　法律の条文の意味を読み解くということは、とりもなおさず「解釈する」ということにほかならないのです。

◎ポイント　解釈する者や立場がどうであろうと、法律の条文を読み解くことはどれも「解釈」することなのです。

No.3 解釈の種類とお作法
文理解釈と論理解釈

> 解釈には、文理解釈と論理解釈がある。条文を文字通りに解釈する文理解釈で読み切れないと論理的解釈に進む。

まず「文字通り読むこと」から出発する

　法律入門のような本を開くと、解釈の種類についての説明を目にします。本によって、多少は名前が違っているかもしれませんが、だいたいは次のようなもののはずです。

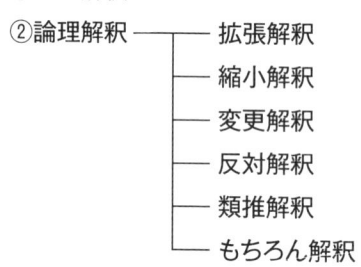

　①文理解釈
　②論理解釈 ───┬── 拡張解釈
　　　　　　　　├── 縮小解釈
　　　　　　　　├── 変更解釈
　　　　　　　　├── 反対解釈
　　　　　　　　├── 類推解釈
　　　　　　　　└── もちろん解釈

「文理解釈」ですが、これは、その条文を文字通りに解釈する方法です。まずは文字通り「直訳」して読んでみる**文理解釈**は、条文へのファーストアプローチというわけです。

　すでにお話ししたように「文字通り」といっても、法令で使われる用語は、日常の言葉とは少し違う使い方をします。ですから、法令用語への理解がどうしても必要なのです。法令用語を正しく理解することは、法律学習の基本中の基本ともいえるでしょう。

「論理解釈」は英語の意訳に似ています

「文理解釈」では読み切れないとなると、今度は「論理解釈」に進みます。論理解釈は、外国語を翻訳するときの「意訳」みたいなものです。意訳とは、そのまま機械的に翻訳すると変てこな日本語になってしまう場合に、意味を補ったりしてしっくりなじむ表現にするものですが、これに似た解釈が「**論理解釈**」です。

たとえば、選挙運動期間中にインターネットで情報発信することです。選挙運動期間中に規制される「文書図画の頒布」に当たるかどうか公職選挙法の文言（用語）からは明らかとなっていませんでした。それでも、改正されるまでは、一定の内容を伝えるという意味では「コンピュータの画面上に現れた文字も文書図画に含まれる」と解釈されてきたのです。

公職選挙法では、選挙運動のために使われる文書図画の頒布（配布）は、選挙公報や選挙運動のビラなどを除いて、一切禁じられています。また、認められている文書図画についても、その数が制限されています。これは、「お金のかからない選挙」を実現するためのものです。

こうした選挙運動の制限は「選挙の土俵」と考えられてきました。どの候補者も同じ土俵で競い合うことこそ、公平な選挙結果に結びつくと考えられているのです。インターネットでの情報発信は文言のうえからは含まれていませんが、こうした趣旨から「文書図画の頒布」に当たると「類推解釈」されてきました。

しかし、いまやパソコンはたいへん普及し、インターネットを通じて情報を受けることもごくごく普通のことになっています。そう考えると、インターネットこそ、お金をかけずに、政党や候補者の考え方を知るのにふさわしい手段ともいえます。

こうした状況で「文書図画の頒布」に含めることは、「類推解釈」ではなく、「無用な拡大解釈」といわれてもしょうがありません。そんなことから、インターネットによる文書図画の頒布が認められ

ることになったのです。

「電車の窓から手を出してはいけない」を解釈すると?

「類推解釈」、「拡大解釈」などの言葉が出てきたところで、「論理解釈の種類」を簡単に説明しておきましょう。

もし駅に「電車の窓から手を出してはいけない」と貼り紙があったら、それぞれの解釈方法は**図表29**のようなイメージとなるでしょう（同時にいくつかの解釈方法に当たることもあります）。

ただ、問題はどの解釈をとるべきかということです。解釈の種類を知ったということは、野球でいえば、コーチが「これがカーブだよ」とか「これがシュートだよ」と投げ方を見せてくれたということなのです。

ただ、これは第一段階。次の段階としては、「こうやればカーブが投げられる」とか「こうやればシュートが投げられる」とボールの握り方を教えてもらい、それを再現することになります。

普通、ものの本にある「解釈に関する記述」は、この第二段階までなのです。

しかし、万が一、プロの選手と同様に「カーブやシュートが投げられるようになった」としても、それでプロのグラウンドで活躍できるかといえばそうではないはずです。

プロなら、三振を取りたいと思ったら、ストレートを続けて投げて意識させておいて、最後にゆるいカーブで打ち取る、なんて戦術として球種を使うはずです。

解釈の種類を知ることはまずは大事だとしても、それだけでは解釈ができるようになりません。本当は、どういったときに、「どの解釈を使うべきか」ということが一番大切なことなのです。

ただ、この部分は「はいどうぞ」と教えられない部分なのです。読者のみなさんに怒られそうですが、どの解釈方法をとるかは、やはり「センス」の部分が多分にあります。そして、その「センス」

図表29 論理解釈の種類

論理解釈	拡張解釈	「電車の窓から体の一部を出してはいけない」と広めに解釈する
	縮小解釈	よくある事例として「電車の窓から指先を出してはいけない」と狭めて解釈する
	変更解釈	たとえば、駅に「汽車の窓から手を出してはいけない」との古い貼り紙が残っている場合なら「汽車」を「電車」に変更して解釈する
	反対解釈	「『手を出してはいけない』とあるのだから、足は出していいのだろう」と解釈する ※この場合には「反対解釈」はふさわしくないでしょう
	類推解釈	「『手を出してはいけない』とあっても、足も出してはいけないのだろう」と解釈する
	もちろん解釈	「『手を出してはいけない』とあるのだから、お尻を出すのはもってのほかだろう」と解釈する

を身につけるには、解釈の経験を積むしかないのです。

まさに「習うより慣れろ」の世界です。だからこそ、解説書などを見る前に、自分自身の手（頭）で解釈をしてみるということをおすすめしたいのです。

ストーカー規制法の解釈と改正

　ただ、ひとつアドバイスできるとすると、「解釈の幅は法律や条文によって同じではない」ということです。国民の権利を制限したり、罰則が用意されているような「強面の条文」では、普通、条文の文言から大きく離れることは許されないと考えられています。つまり、解釈の幅が小さくなるものです。

　以前、ストーカー規制法についてこんな問題がありました。「メールでも脅迫的な言葉を使えば規制対象になるが、大量のメールを送るだけではストーカーとはみなされない」という問題です。「債務を履行してください」、「私の心を癒してください」などと丁寧な表現で取り繕っても、しつこくメールを送り続けることはまさしく世間でいうところのストーカーです。しかも、こうした行為を取り締まることは法の趣旨・目的に照らして間違いではありません。メールだって電話の回線を使うのですから、「電話をかける」ことに含める「類推解釈」をして、取り締まることができるのではないだろうかと考える人があるかもしれません。

　しかし、ストーカー規制法のように命令や罰則の伴う「強面の法律」では解釈の幅を広げることはなかなか難しいのです。こうした場合には改正で対応するしかありません。そこで、ストーカー規制法は平成25（2013）年に改正が行われました。問題となった2条1項5号は次のように改正されました。

新	旧
電話をかけて何も告げず、又は拒まれたにもかかわらず、連続して、電話をかけ、ファクシミリ装置を用いて送信し、**若しくは電子メールを送信すること**	電話をかけて何も告げず、又は拒まれたにもかかわらず、連続して、電話をかけ若しくはファクシミリ装置を用いて送信すること

また、近頃、集団的自衛権をめぐる憲法の解釈を政府が変更しようとすることが話題となりました。憲法は権力に向けられたものということを考えても、憲法の基本原理のひとつである平和主義に関わる問題であることを考えても、とてもおかしな話です。
「もし、長年、国民が受け入れてきた解釈を変えるというなら、それは国民自身の手で（憲法の改正によって）行うのが筋ではないの⁉」という意見は、もっともなことと思われます。
　国の最高法規を行政の都合で安易に変えることは、結局は法に対する信頼を失わせますし、民主主義に対する信頼も壊してしまうことになりかねません。内容がいいとか悪いとか以前の問題として、これもまたお作法を踏み外した解釈の例といえるでしょう。

◎ポイント　解釈の種類を知ったとしても、それだけで解釈ができるようにはなりません。どの解釈をとるかが重要なのですが、そのセンスは「慣れ」により獲得するしかありません。

No.4 実務における「解釈」はどんな意味を持つのか

> 実務での解釈の目的は、本来の意味を明らかにすることではなく、妥当な結論を導き出すことである。

妥当な結論が出るように解釈する

　柴田孝之さんという弁護士で、司法試験受験界のカリスマ講師がいますが、解釈に関して、彼はこんなことをいっています。

> 事件において妥当な結論が出るように法律を解釈する。解釈といっても、本来の意味を明らかにするものではない。
> (『法律の使い方』柴田孝之著／勁草書房) 47頁

　これは事件を解決するに当たっての弁護士や裁判官の解釈態度について述べたものです。しかし、公務員や仕事で法律を解釈しようとする人の解釈の態度もおそらく同じでしょう。
　たとえば、先ほど紹介した労働基準法34条の休憩時間についてこんな問題があったとします。

> 　会社での休憩時間のことです。課長は毎日、外食です。そこでいつも愛妻弁当をデスクで食べているＡ主任に「部長の電話が鳴ったら、出ておいてくれる。もし部屋にいたらでいいけれど」と声をかけることがしばしばでした。
> 　電話が鳴ったことはこれまでありません。しかし、Ａ主任はな

> んとなく拘束感を感じて組合に労働基準法34条違反ではないかと相談をしました。

労働基準法34条をどう解釈するか

　さて、この場合、労働基準法34条をどう解釈するかです。もし、会社側に立つなら「労働基準法34条違反ではない」と主張することでしょう。A主任に「部屋に残れ！」と命令したわけではないですから「自由に使わせているので問題ない」と主張するはずです。

　ところが、A主任や組合の側に立つなら、「毎日デスクで昼ごはんをとることを知ったうえで電話に出るよう求めるのだから、その時間は『待機（手待時間）』と考えてもよく、本人が『拘束感』を感じていることもその証拠だ」と主張するかもしれません。

　まったく同じケースの判例はありませんので、これについての最終的な「答え」はありませんが、読者のみなさんならどう考えるでしょうか。

　どちらの立場にたっても、解釈についてのポイントは休憩時間を規定した労働基準法34条の趣旨にあることは明らかです。休憩時間は労働で疲れた体と心を休めて疲労を回復させるためのものです。そのためには権利として「労働から離れることができる状態」かどうかがカギとなることでしょう。裁判で勝てるというような大げさなことでなくとも、他人が主張を受け入れてくれるかどうかは「その結論が妥当なものと感じられるか」という点にあります。

国を押し切った「必要性」からの解釈

　実際にこんな例がありました。平成13（2001）年4月にいわゆる地方分権改革が行われ、国と地方との関係は完全に対等関係になりました。そんなことから地方議会の役割もずいぶんと重いものとなっています。

そんな折、問題となったのは「議会に審議会が置けるかどうか」ということでした。国は、地方自治法に、知事や市町村長側の審議会などの規定はあっても、議会に審議会を置けるという規定がないことから、議会には審議会など置けないという解釈をとりました。地方自治法138条の4第3項の反対解釈です。

● 地方自治法

> 第138条の4　1・2　略
> 3　普通地方公共団体は、法律又は条例の定めるところにより、**執行機関の附属機関として**自治紛争処理委員、審査会、審議会、調査会その他の調停、審査、諮問又は調査のための機関を置くことができる。ただし、政令で定める執行機関については、この限りでない。

　ところが、一部の地方議会は地方自治法の次のような規定から、議会に審議会などを設置することは禁じられるものではないと解釈して、条例を定めて議会に審議会を設置しています。

● 地方自治法

> 第2条　1〜10　略
> 11　地方公共団体に関する法令の規定は、地方自治の本旨に基づき、かつ、国と地方公共団体との適切な役割分担を踏まえたものでなければならない。
> 12〜17　略

　地方分権の時代を迎え、専門的な審議のために審議会がどうしても必要であるというのが自治体議会側の事情です。そこで、使える規定を見つけ出し、国の解釈（地方自治法138条の4第3項の反対解釈）を封じたのです。この件に関して、裁判所の判断は出ていま

せんが、必要性を強調して地方が国を寄り切った形になり、少しずつ自治体議会に審議会などが増えています。

話を戻しましょう。「事件において妥当な結論が出るように法律を解釈する」という柴田孝之さんの言葉を私なりに意訳すると、解釈は以下のように行われるのではないかと思うのです。

> ①ある程度直感的に妥当だと思われる結論を想定する
> ②関連する法律の規定や判例などを見ながらその結論の正しさを支える「理由」を作り上げる

もちろん、②の作業をしているうちに、①の結論を修正した方がいいと感じる場合もあるでしょう。その場合には①の結論を修正することもあり得ます。つまり、解釈とは、「妥当な結論と思われることと法律の規定との間をつなぐ作業」といえるのです。

ただ、最初のうちはこの作業はなかなかうまくいきません。妥当だと思われる結論をなかなか見つけられないからです。正義や公平の感覚が身についていないと、過去の経験にとらわれたり、思い込みに引きずられたりして、結論を導いてしまいます。

そればかりでなく、その結論を支える「理由」を作り上げることもなかなか難しいものです。人を説得できるだけの根拠を「理由」として挙げることができないからです。

人を説得できるだけの「根拠」を探す

根拠となるものには、主に次のようなものがあります。

| 条文の文言 | 目的規定や趣旨規定 | 通達 | 立法者意思 | 判例 | 解説書 |

「条文の文言」、「法律の目的規定や趣旨規定」、「通達」、「判例」の意味についてはもうお話ししました。聞き慣れないのは「立法者意思」でしょうか。
　「立法者」というのは、法律を作る人のことですから、議員ということになります。「**立法者意思**」というのは、「議員がどんな目的や趣旨でこの法律を作ったか」ということです。これは国会の審議のなかで明らかにされたりします。
　また、本当の意味では「立法者」ではないのですが、「関係する審議会でどう議論されたか」、とか、「法律案の原案を作った省庁の担当部署はどういう趣旨でその条文を作ったのか」といったことも「立法者意思」に含まれます。
　法律の目的やある条文の目的などが条文上明らかになっていればいいのですが、ときにはそうしたことが条文上は出てこないということがあります。そんなときには国会の会議録や審議会の議事録から「立法者意思」を確かめる方法があるのです。立法者意思は、いうなれば、「裏の目的規定や趣旨規定」ということができるかもしれません。
　いずれにしても、「条文の目的規定から……」とか「国会の審議でも明らかなように……」とか「最高裁の判例を踏まえると……」などと言い添えると、他人が受け入れやすいものとなるはずです。

◎ポイント　妥当な結論と思われることと条文の規定とをつなぐことが「解釈」といえます。

No.5 条文が発するシグナルを感じて読み解こう

法律には、正しく解釈することができるような「しかけ」が施されている。そのシグナルを感じ取る力を身につけよう。

条文から始まり条文に終わる

　こうした解釈のお話をすると、「条文を読むこと」などそれほど重要でないと思うかもしれません。しかし、決してそうではありません。

　というのは、通達にしても、立法者意思にしても、判例にしても、そこからの知識を生かすためには、「条文が発するシグナルを感じながら法律を読み解く」ことができないと始まらないからです。

　条文が発する「シグナル」の代表的なものが法令用語です。そのほかにも、条文の並び方（法律の構造）にも意味がありますし、法律のパターン化した規定方法もそれ自体がシグナルなのです。さらに、大きなシグナルとしては、法律どうしの関係があります。

　こうしたシグナルは、法律の条文のなかに論理的に埋め込まれています。いい換えると、法律というのは「合理的に判断できる人」（「一定の論理性が備わっている人」といい換えてもいいかもれません）が読んで、正しく解釈することができるような様々な「しかけ」が施されているのです。

シグナルを感じることがスタートです

「シグナルに導かれて解釈する」というのは、この「しかけ」を理解して論理的に法律を読むということにほかなりません。残念なことに、法律を学習したばかりの頃は、条文が発する「シグナル」になかなか気がつきません。ときにはそんなシグナルには目もくれず、テキストや逐条解説を一生懸命読み込んで学習することでしょう。しかし、それはとてももったいないことです。せっかく彼女（彼）を念願のデートに誘い出したのに、彼女（彼）のことを少しも見ないで、デートマニュアルをスマホで検索しているのと同じだからです。

これではいつまで経っても恋の初心者は卒業できません。同じように、条文に向き合うことなしに、法律を本当に理解できるようにはならないのです。「条文が発するシグナルを感じること」。すべてのスタートがそこにあります。「条文の発するシグナル」を自分で直接拾えるようになると、いろいろな疑問が浮かんできます。これこそが「黄金の疑問」へとつながります。

条文が発するシグナルを感じながらの学習方法とは？

「条文が発するシグナルを感じながらの学習方法」とはどんなものなのか、やはり、休憩時間を定めた労働法34条を例にしてみま

まず、労働基準法1条から、休憩時間についての規定は「作業能率をアップさせる」というようなことが主たる目的ではなく「労働者の健康のため」、「労働力を摩耗しないため」といった趣旨であることが理解できるでしょう。労働基準法34条1項で「少くとも、〜の休憩時間を与えなければならない」と定めていることも、法定の基準が最低限であることの「念押し」だとわかるはずです。

●労働基準法

> （労働条件の原則）
> 第1条　労働条件は、労働者が人たるに値する生活を営むための必要を充たすべきものでなければならない。
> 2　この法律で定める労働条件の基準は最低のものであるから、労働関係の当事者は、この基準を理由として労働条件を低下させてはならないことはもとより、その向上を図るように努めなければならない。
>
> （休憩）
> 第34条　使用者は、労働時間が6時間を超える場合においては少くとも45分、8時間を超える場合においては少くとも1時間の休憩時間を労働時間の途中に与えなければならない。
> 2　略
> 3　使用者は、第1項の休憩時間を自由に利用させなければならない。

　そのうえで考えます。
「労働基準法34条3項の意味はなんだろう？　普通、休憩時間というのは労働者が自由に使えるものなのに、どうしてわざわざ規定しているのだろうか？」

「もしかして、休憩時間といいながら休憩させていない実態が問題となったことがあったのでは？」
「念押しの規定もその防止策かも？」
　こんな風に、次々と「黄金の疑問」が生まれてきたらしめたものです。
「3項の趣旨をそう考えると、『自由に』の意味は労働者が『好き勝手に』という意味ではなく、『労働から完全に離れられる形で』ということになるのではないか……」
　ここまで疑問が深まったところで解説書や判例などを読んでみたらどうでしょう。これまで経験したことがないほど、「何が問題となって、それをどう解釈したか」を明確に理解できるはずです。「心にしみる」なんて表現を使うことがありますが、まさに、解説書や判例の解説が「心にしみる」瞬間です。

この解説が心にしみる……

「解釈力」と「リーガルマインド」との関係

　解釈というのは、「妥当な結論と思われることと、法律の規定との間をつなぐ作業」といいました。両者には最初、「距離」があるように思うかもしれません。しかし、解釈力がつけばつくほど、この両者の間はだんだん縮まってくるものなのです。その分、解釈も

無理がなくなります。

　というのは、直感的に出した結論がだんだんと妥当なものとなってゆくからです。そして、条文や判例を読み込んでも大きく結論を変更させる必要はなくなり、むしろ結論が正しい方向だったことを確信する材料となることでしょう。
「リーガルマインド」というのは、こうした妥当な結論を導く力にもなります。解釈力が増せば、リーガルマインドは高まります。リーガルマインドが高まれば、さらに「条文の発するシグナル」への感度は高まり、妥当な結論を導く力になります。このように、解釈力とリーガルマインドは「らせん」を描いてお互いに磨かれていく関係にあります。しかも、解釈力もリーガルマインドも一度手に入れてしまえば決して失われることはありません。法律を読み解くセンスはこうして身につき、身につけば、一生涯にわたって法律を読み解くのがとても楽しくなります。
　法律を読み解くことは楽しいゲームです。そのことをひとりでも多くの読者に味わっていただきたいと思います。それが著者のたったひとつの願いです。

◎ポイント 解釈力とリーガルマインドは「らせん」を描いて磨かれていきます。法律を読み解くセンスはこうして獲得できるのです。

索引

あ

以下	149
違憲立法審査権	255
いじめ防止対策推進法	147
以上	149
遺言	50
遺言の方式	51
一部改正法	36
一般条項	123
一般法	182
医薬品、医療機器等の品質、有効性及び安全性の確保等に関する法律	218
公の弾劾	257
及び	134

か

解釈	21,22,98,278,281,284,290
会社法	48,143,220
会社法施行規則	144
課外活動中の事故	275
拡張解釈	284
学校の体育の授業中の事故	275
から	150
から起算して	150
から〜まで	150
基本法	190
究極の目的	39
業界法	218
強行規定	121
行政解釈	281
行政機関の休日に関する法律	69
行政機関の保有する情報の公開に関する法律	70
行政救済法	207
行政作用法	207
行政事件訴訟法	105,135,162,174
行政組織法	207
行政代執行法	264
行政庁	178
行政手続法	100,153,180,188
行政不服審査法	104,105,136,173
競争の導入による公共サービスの改革に関する法律	37
クーリング・オフ	218
国による自由	253
経過措置	90
経済法	216
刑事訴訟法	171
刑法	133,171,186,200
軽犯罪法	200
建築士法	187,188
憲法	180,197,198,215,244,248,251,274
憲法附属法	204
権利濫用の禁止	124
公益通報者保護法	40
公共の福祉	204
航空機の強取等の処罰に関する法律	201
公権力の行使	275
皇室典範	205
公職選挙法	204,280
公序良俗	204
口頭審理	105
公法	167,168,199
公立高等学校に係る授業料の不徴収及び高等学校等就学支援機の支給に関する法律	83
超える	149
小切手法	220
国民審査	258
個人情報保護法（個人情報の保護に関する法律）	107
国会審議の活性化及び政治主導の政策決定システムの確立に関する法律	37

国家行政組織法	209
国家公務員の給与の改定及び臨時特例に関する法律	35
国家賠償法	210,269
国旗及び国歌に関する法律	205
雇用保険法	215

さ

財産法	234
最低賃金法	215
裁判員の参加する刑事裁判に関する法律	202
雑則	31
私経済作用	275
時系列の支配	47
自然人	136
実質的平等	117
実体的規定	31
実体法	171,175
私的自治の原則	170,213
自転車競技及び小型自動車競争法の一部を改正する法律	90
児童買春、児童ポルノに係る行為等の処罰及び児童の保護等に関する法律	201
私法	167,168
社会法	170,213
縮小解釈	284
準用する	77,158
食品衛生法	173,218
食品表示法	218
消費者基本法	158
消費者契約法	183
消費者法	217
商法	35,220,279
消防法	160
条例	33
食育基本法	87,190
初日不参入の原則	151
書面審理	105

信義誠実の原則	124
信義則	124
信玄公旗掛松事件	126
ストーカー行為等の規制等に関する法律	201,288
生活保護法	120
請願法	205
制限行為能力者	238
生存権	251
性同一性障害者の性別の取扱いの特例に関する法律	148
成年後見人	237
成年被後見人	237
前文	87
総則	31
その他	140
その他の	140

た

代執行	263
題名	33
宅地建物取引業法	218
地方自治法	292
聴聞	178
通達	281
手形法	220
適用する	77
手続法	171,178,270
等	56
道州制	210
統治規定	248
動物の愛護及び管理に関する法律	202
道路交通法	62,110
とき	146
特定商取引に関する法律	217
特別刑法	203
特別法	34,182,185
土地収用法	212
取消訴訟	105,181

301

取引の安全	234

な

並びに	134
日産自動車事件	125
日本国憲法の改正手続に関する法律（憲法改正国民投票法）	205
任意規定	122
年齢計算に関する法律	156

は

場合	146
賠償（損害賠償）	211
反対解釈	284
被保佐人	237
被補助人	237
表現の自由	249
補償（損失補塡）	211
法の適用に関する通則法	206
ホームレスの自立の支援等に関する特別措置法の一部を改正する法律	85
パンデクテン方式	75
比例原則	114
附則	30,90
不服申立て	103,181
不利益処分	179
文理解釈	283
平成二十三年東北地方太平洋沖地震等による災害からの復旧復興に資するための国会議員の歳費の月額の減額特例に関する法律	184
変更解釈	284
弁明の機会の付与	178,187
報償責任	273
法人	135
法の下の平等	255
本則	30

ま

又は	132

麻薬及び向精神薬取締法	38,58
未成年者飲酒禁止法	201
未満	149
民事執行法	171
民事訴訟法	171
民法	34,50,63,66,77,80,123,151,171,172,176,198,232,236,270,272
目的規定	38,99
若しくは	132
もちろん解釈	284
もの	148
者	148

や

要件	147
読替規定	79,159

ら

リーガルマインド	16,19,22,24,96,298
利息制限法	34,218,219
立法者意思	294
理由	82
臨時	35
類推解釈	284
例による	161
ロジカルシンキング	177
労働安全衛生法	223
労働基準法	215,222,224,226,282,297
労働組合法	215
労働者災害補償保険	223
労働法	215
労働保険の保険料徴収等に関する法律	223
論理解釈	284

[著者]

吉田利宏（よしだ・としひろ）
元衆議院法制局参事
1963年神戸市生まれ。早稲田大学法学部卒業後、衆議院法制局入局。以後15年にわたり法律案や修正案の作成に参画。現在、著述、講演活動を展開。自治体研修講師・各種審議会委員。
主な著書に、『元法制局キャリアが教える　法律を読む技術・学ぶ技術』（ダイヤモンド社）、『つかむ・つかえる行政法』（法律文化社）、『法令読解心得帖』、『法実務からみた行政法　エッセイで解説する国法・自治体法』（いずれも共著・日本評論社）、『新・法令用語の常識』（日本評論社）などがある。

元法制局キャリアが教える
法律を読むセンスの磨き方・伸ばし方

2014年9月11日　第1刷発行
2024年9月24日　第7刷発行

著　者———吉田利宏
発行所———ダイヤモンド社
　　　　　〒150-8409　東京都渋谷区神宮前6-12-17
　　　　　https://www.diamond.co.jp/
　　　　　電話／03・5778・7233（編集）　03・5778・7240（販売）
装丁———ヤマシタツトム
イラスト———草田みかん
本文レイアウト—松好那名（matt's work）
製作進行———ダイヤモンド・グラフィック社
印刷———堀内印刷所（本文）・加藤文明社（カバー）
製本———ブックアート
編集担当———笠井一暁

©2014 Toshihiro Yoshida
ISBN 978-4-478-02178-1
落丁・乱丁本はお手数ですが小社営業局宛にお送りください。送料小社負担にてお取替えいたします。但し、古書店で購入されたものについてはお取替えできません。
無断転載・複製を禁ず
Printed in Japan

◆ダイヤモンド社の本◆

累計10万部突破のベストセラー
みんな、この本で法律を学んだ!

資格試験受験者、ビジネスマン、大学生のための法律的な考え方とセンスが身につくテキストです。法律の勉強を始める前に読んでください。

元法制局キャリアが教える
法律を読む技術・学ぶ技術 [改訂第3版]
吉田利宏 [著]

●A5判並製／328頁●定価（本体1800円＋税）

http://www.diamond.co.jp/